就労困難者が輝いている

日本でいちばん育てたい会社

綾野まさる

ハート出版

Menu

I

絆《きずな》の架け橋

こんにちは、いらっしゃいませ

3日ほどふりつづいた雨がやんで、道に小さな水たまりをつくって、空をうつしている。

さっきから由利香《ゆりか》は、お店の窓《まど》ガラスを一生けんめいにみがいている。

2階建てのお店の名まえは、《Ponte《ポンテ》 Cafe《カフェ》 匠《たくみ》》——。

パスタとおいしいコーヒーが評判のカフェだ。由利香が、このお店で働くようになってから、8か月あまりがたった。

♪ さいた　さいた
チューリップの花が

ならんだ　ならんだ
あか　しろ　きいろ
どの花みても　きれいだな

歌をくちずさみながら、由利香は、青い窓わくのガラスを、フェルトの布きれでふいてゆく。キュッ、キュッと、小気味《こきみ》のいい音がする。春のはじめの風が、由利香のみじかいかみを、さらっとなでて通る。

「いやぁ、ちょっと寝ぼうしちゃってぇ、ごめん、ごめん、おそくなっちゃったぁ」

思いっきり駆《か》けてきた足をとめて、ふーっと息をついたのは、店長の川口義《よし》勝《かつ》だった。

「ゆりちゃん、きょうは、ずいぶんはりきってるね。なんか、いいことでもあったの？」

「うーん、どうだろうねぇ。ちょっと、わかんない」

「まーた、わかんないかぁ……。たまにはさ、わーかった、わかったって、いってくれよぉ」

由利香のかたをポンとたたくと、店長は、いそぎ足でお店のなかにはいっていった。

由利香は、また、窓ガラスをみがく。きゅっ、きゅっと、ガラスが泣いているような、笑っているような音をたてる。

「きょうは、これっくらいでいいか」

手をとめた由利香が、空を見あげたときだった。

ピーポー　ピーポー　ピーポー
遠くでサイレンの音がする。その音が、だんだん近づいてくる。

ウーー　ウーー　ウーー
救急車につづいて、パトカーの音がする。由利香のこめかみのあたりが、ぴくん、ぴくんとなる。救急車とパトカーは、スピードをあげて近づいてくる。
「うわーっ、やめてぇ、うわーっ！」
かんだかい声で叫《さけ》んだ由利香は、顔をひきつらせて、お店のなかに駆けこんだ。そして、テーブルのかげにしゃがみこむと、由利香は両手で耳をふさいだ。心臓がどきん、どきんとなって、もう、息をするのも苦しい。ひたいから冷《ひ》や汗《あせ》がふきだして、からだのふるえが止まらない。
ピーポー　ピーポー
ウーー　ウーー
けたたましい音をひびかせて、2台の車は通りを走りぬけていった。だが、由利香のほおは、まだ、ひきつったままだ。
養護《ようご》学校を卒業した由利香は、二十歳《はたち》の春をむかえた。小さいときから、彼女は、知的障がい者と呼ばれた。

「あのね、わたしのおつむは、ずーっと幼稚園の子といっしょなの」

彼女は、じぶんのことを、あっけらかんとそういう。そんな彼女は、大きな音が苦手《にがて》だ。それから、見知らぬ人がどっと押しよせると、なにがなんだか、わからなくなってしまう。

そして、息をするのが苦《くる》しくなったり、冷や汗がでたり、からだがふるえるといった発作《ほっさ》が起きる。

むずかしい話になるけど、これは精神障がいのひとつで、「パニック障害」といわれる。なにかのきっかけで、強い不安がおそってきて、さまざまな症状が起きるのだ。

「このまま、気がおかしくなってしまうのではないか」、「死んでしまうのではないか」という恐怖《きょうふ》をおぼえることもある。だが、ほとんどの場合、30分前後で発作はおさまり、なにごともなかったように、もとにもどるといわれる。

(ゆりちゃん、だいじょうぶ、だいじょうぶだからな)

お店のキッチンで準備をしながら、川口店長のやさしい目が、ときどき由利香を見つめている。

かべの時計が、あと5分で、午前11時をさそうとしている。コーヒーのいい香りがただよって、お店のスタッフたちが、お客さんをむかえる姿勢になった。

「こんにちは、いらっしゃいませ」

きょう、さいしょのお客さんは、近くに住むお年寄り夫婦。買いものに行く途中で、コーヒーを飲みに立ち寄ってくれたのだ。

「ここのコーヒーは、かくべつだからね。それに、ゆりちゃんの笑顔を見るとね、きょうの元気がもらえるんだよ」

眼鏡《めがね》のおくの目をしばたたかせて、老夫婦のご主人がいった。あんなにパニックになったのに、由利香は、いつもの笑顔になっている。発作が、まるでうそみたいだ。

（やれやれ、よかった、よかった）

「Ponte Cafe 匠」 ２階も素敵な空間、となりはお花屋さん。

店長の顔も、ひとりでにほころんだ。

《Ｐｏｎｔｅ《ポンテ》 Ｃａｆｅ《カフェ》 匠《たくみ》》は、愛知県安城市《あんじょうし》の郊外《こうがい》にある。名鉄西尾線《めいてつにしお》の「桜井駅」から、歩いて7～8分のところだ。

安城市は、愛知県の中部、岡崎平野のまんなかに位置し、人口は約18万３０００人。１８８０年（明治13年）の明治用水の完成により、農業が発展。第二次世界大戦前には米、麦、果樹、そして養鶏《ようけい》、養蚕《ようさん》などの多角的な農業がさかんとなる。そのため、「日本のデンマーク」とよばれた。

現在も近郊農業がおこなわれているが、一方では自動車などの機械工業、金属工業が発達している。また、国指定重要無形民族文化財の「三河万歳《みかわまんざい》」をつたえる地域として知られる。

この《Ｐｏｎｔｅ《ポンテ》 Ｃａｆｅ《カフェ》 匠》には、川口店長をふくめて、９人のスタッフ（店員）が働いている。このうち、７人（男性４人、女性３人）が、知的障がいや精神障がいのある人たちだ。

そして、このお店の経営をバックアップしているのが、じつは、IT《アイティー》ベンチャー企業なのだ。

その会社は、東京に本社がある「アイエスエフネットハーモニー」。インターネットを使って情報技術を駆使《くし》する会社が、いったい、どうして、障がい者が働くカフェの経営にかかわっているのだろうか。

ちょっぴり、ふしぎな感じになるが、これには、こんないきさつがあった。

「匠《たくみ》カフェ」誕生《たんじょう》

東京の港区・青山といえば、近くに神宮の森があり、また、ファッションやレストランなど、おしゃれなお店がある街として知られる。この街の一角に、「アイエスエフネット」という会社がある。さきほどふれた「アイエスエフネットハーモニー」の親会社といえる存在だ。

いまは、アイエスエフネットグループという大きな組織となり、ここで働く従業員は、約2700名。このうち、障がい者手帳を持っている人が約100名。そして障がい者手帳は持っていないが、心になんらかの病気をかかえている人、さらにニート、フリーター、引きこもり（注：参照）などの人たちを雇《やと》うことにしているのだ。

そうした人たちを合わせると、それまで就労困難者《しゅうろうこんなんしゃ》（仕事につくことがむずかしい人）といわれた人たちが、なんと1000人以上も働いているのだから、びっくりだよね。

引きこもりやニートも、からだに障がいのある人も、知的障がい者も、みんな〝戦力〟として、働く場をつくっている会社は、日本全国ひろしといえどもきわめてめずらしい。そのため、いま大きな注目をあつめているのだ。

〈注〉

［ニート］就職する意欲がなく、働かない若者たちのこと。自信をなくし、社会との関係をつくれない若者が増えている。

［フリーター］フリー・アルバイターの略語。社員とならないで働く。

［引きこもり］社会活動や対人関係から遠ざかり、6か月以上、自宅などに引きこもっている状況。全国で数十万人といわれる。

渡邉幸義《わたなべゆきよし》――、1963年（昭和38年）生まれだから50歳。ほっぺたがぷくっとして、目がゾウさんみたいに細い。年のせいで、ちょっぴりおなかがでてきたけど、どんとかまえたからだから、エネルギーはあふれている。

この人が、アイエスエフネットグループをまとめる代表、いや、わかりやすくいうとボスということになる。なんてったって、この人のすごいところは、最初、たった4人ではじめた会社を10年で2000人をこえる大企業に成長させたことだ。

だが、このボスには、そんなおごりたかぶりは、これっぽっちもない。社員たちが、やりがいをもてる会社にするには、どうしたらいいか。障がいのある人たちが、生き生きと働くためには、なにが必要なのだろう。そのことを、いつも考えつづけてきたのだ。

2010年11月、街路樹のいちょうが、まっ黄色に染めあげられたころだった。

アイエスエフネットハーモニー（以下、ハーモニーと呼ぶ）では、「ご家族と語る会」がひらかれた。これは、障がいのある子を持つ家族から、会社の関係者がさまざまな意見や要望を聞いて、それを未来につなげてゆこうという集《つど》いだ。

「えー、そろそろ時間もオーバーになりましたので、ほかに意見のあるかたは……」

司会進行をつとめる男性社員が、会場を見まわした。すると、40代なかばの母親が、おもむろに立ち上がった。

「さきほどからお話をうかがってますと、障がい者で働く場を与えられるのは、男性ばかりのような気がいたします。

うちの娘《むすめ》は、すこし知的障がいがあり、引きこもりの傾向もあるのですが、障がいのある女性が、働ける場をつくっていただけないでしょうか」

会場に、ざわざわっと波のような空気が走った。ハーモニーの社長である渡邉は、胸をトン、トンとノックされたような気がした。

(障がいのある女性に、働ける場をつくらなければならない)

それは、渡邉社長の心のなかに、ずっとわだかまっていた宿題だった。というのも、ITをあつかうエンジニアを育て、その人たちを他の企業に派遣《はけん》する業態では、どうしても、採用されるのは男性が多かった。

女性は、ＩＴ業界というだけで、近づくことを、さけるきらいもあったからだ。

（なんとかしなければならない。障がいのある女性が、働ける場をつくらなければ……）

それから1週間ほど、渡邉社長は、そのことばかりを考えるようになった。

半ぶんにかけた月が、雲のあいだから、ときどき顔をのぞかせる。その空の下を、渡邉社長は、足早に歩いていた。

「半かけお月さんかあ……。うーん、なかなか、いい案がうかばないなあ」

渡邉社長は電車は使わずに、会社から自宅まで、1時間ほど歩いて通勤している。自宅への道をいそぐその足は、ときどき止まる。信号が青になって、渡邉社長は、横断歩道をわたった。

大通りの向かい側に、ガラス張りの喫茶店が見えた。4、5人のウエートレスが、いそがしそうに動きまわっている。立ちどまった渡邉社長は、なにげなくそれを見やった。通りを左に曲がると、住宅街の道をすすむ。考えごとをしながら歩くから、姿勢はうつむきかげんになる。しばらく歩いたときだった。

ゴ、ゴッツン！

「ああ、いてぇ、いててててぇ‼」

思いっきり電柱に、頭と顔を打ちつけた。鼻がつぶれたのかと思った。が、渡邉社長は気にしない、気にしない。とつぜん、去年の秋に福島の特別支援学校を訪ねたとき、女子生徒がコーヒーを出してくれた場面が浮かび上がった。

「そうだぁ、喫茶店だ。いや、おいしいコーヒーとランチ……。おしゃれなカフェをつくるんだ」

ポンと手をたたくと、渡邉社長は、まるで少年のように、スキップしながら駆けだした。なんと、電柱にぶつかってアイデアがひらめいたのだ。

つぎの日、渡邉社長は、さっそくそれを実行にうつした。

「福島にカフェをつくる。それも、あと3か月後にはオープンだ。いいか、いそいで準備をはじめてくれ」

「えっ、ふ、ふくしまにカフェを……、そんな無茶《むちゃ》な……!?」

ハーモニーの幹部たちは、みんな、目をまるくしておどろいた。だが、熱のこもった社長の掛け声に、だれもが「NO！」とはいえなかった。福島にカフェをつくることになったのは、以前に社長が、地元の障がい者の特別支援学校を訪問したことがあったからだ。

オープンにむけて、急ピッチで準備はすすめられた。お店で働くスタッフを募集することになった。そして面接の結果、6人が採用されることになった。男性が2人、女性が4人、それぞれに障がいをかかえた若者たちだ。これに、ハーモニーから派遣《はけん》された2人が加わって、お店は8人で展開することに決まった。

たいへんだったのは、お客さんにどう接するかを学ぶ研修だった。なかには、カフェに行ったことがないという人もいる。

「いらっしゃいませ」

笑顔でいおうとするが、緊張のあまり、ほおがカチカチにこわばってしまう。コップに水をいれることもできないメンバーもいる。コーヒーカップが、つぎつぎと割れた。だが、エンジンはかかりはじめた。

「このカフェを、ぜったいに成功させたい」

日を数えるごとに、8人のスタッフの心はひとつになっていった。

そして2011年3月1日、JR福島駅にほど近いテナントビルで、「匠《たくみ》カフェ」は産声《うぶごえ》をあげた。〝匠〟というのは、手先の仕事で物をつくる職人のことだ。

《たとえ、障がいがあっても、だれにも負けないプロフェッショナルになってほしい。みんな、みんな匠になれ、匠たれ》

お店の名前に、渡邉幸義社長は、熱いメッセージをこめたのだった。

その調子《ちょうし》、その調子！

「匠《たくみ》カフェ」がオープンしてから、10日後のことだった。大地はぎっし、ぎっしと揺れ、巨大な津波が、東北地方の太平洋沿岸に、魔ものとなっておそいかかった。

２０１１年3月11日、東日本大震災が発生。幸いなことに「匠カフェ」では、食器が棚から落ちたくらいで、被害をこうむることはなかった。だが、電車が止まってしまって、スタッフたちは、お店にくることができなくなった。

「通勤ができるようになったら、すぐに再開しよう。地震なんかに負けないでおこう」

店長はそう呼びかけた。が、東京電力福島第一原子力発電所の事故もあり、駅の周辺は、日増しに人かげもまばらとなった。

ようやく再開にこぎつけたのは、2か月半ほどがたった6月1日のことだった。だれもが待ちのぞんだ再スタート。スタッフたちのどの顔も、働ける喜びにあふれた。

大地震からの復興に立ち上がる福島――。

「匠カフェ」で働く障がい者は、お店をたずねてくれる人びとに、目には見えない安らぎをとどけるようになった。


ちょうど、そんなころであった。

愛知県の安城《あんじょう》市にある県立安城養護学校から「学校のとなりに〝匠カフェ〟をつくってほしい」という申し出があった。それを聞いたとき、渡邉社長は、意外な気がした。

〈養護学校の関係者が、そこまで考えているのか……。それなら、知らん顔を

しているわけにはいかない。とにかく話を、もっと聞いてみたい）

新幹線に乗って渡邉社長は、安城市へむかった。

「いやぁ、わざわざお越しいただいて、まことに恐縮です」

安城養護学校の伊澤裕司校長が、両方の目をしばたたかせた。

「私どもが、福島でオープンした小さなカフェを、こちらでもつくりたいと……」

「そうなんです。そちらの〝匠カフェ〟で、障がいのある若い人たちが、生き生きと働いていることを知って、父兄《ふけい》たちから〝ぜひ、そんなカフェが実現できないものか〟と、それは熱心な声が上がりましてね」

「そうですかぁ。障がいのある人たちが、いざ働くとなると、その現実は想像以上にきびしいですからねぇ」

渡邉社長がいうと、伊澤校長は、相づちを打って、福祉の現状をこう話しはじめた。

「たとえば、障がい者が働くというと、いわゆる授産施設《じゅさんしせつ》があります。しかし、そこでは、知的障がい者の場合、1か月みっちり働いたとしても、もらえる給料はよくて1万円ちょっと、1万円を切るところもあるのが現実なんです」

「校長先生がおっしゃるとおりです。これでは、多くの親御《おやご》さんが、子どもたちの将来に対して、大きな不安を抱くのはもっともなことだと思います」

「やはり、1時間働いて、800円くらいの最低賃金が保証されないと、障がい者が自立することは、とても望めません。

たとえば仮に、1日、3時間働いて2400円もらえれば、20日で4万8000円になります。そうなると、障がい者の働くことへのモチベーションも、上がってくると思うのですよ」

「そうなんです。私もたくさんの就労困難者を雇用して、そのことを強く実感しています。障がい者は、素晴らしい可能性を秘めているわけですから、お粗《そ》末《まつ》な現状に、もっともっと光をあてていかなくてはならない、そう考えています」

「いやぁ、なんだか、勇気がわいてきました。それで私どもとしては、ふつうに障がい者が働けるお店をつくりたい、そう考えたわけですが、なんとか……、力を貸していただけないものでしょうか」

「わかりました。私どもがはじめた〝匠カフェ〟が、またひとつ、新しい芽をだすのだとしたら、これほどうれしいことはありません。できうるぎり、力をつくしたいものです」

「ほんとうですかぁ。私どもの考えに賛同していただけるわけですね」

伊澤校長は少しおどろいた表情になって、渡邉社長を見つめた。


こうして話は、実現にむかって、とんとん拍子《びょうし》にはこんだ。

カフェの場所は、安城養護学校のすぐ近くに決まった。もと、イタリアン料理店だったところを買いうけて、これを改装することになった。安城養護学校に通う生徒の父母たちが、お店をオープンするために、心からの応援を惜《お》しまなかった。パスタなどのメニューも、お母さんたちが集まって考えた。

2012年7月11日、《Ponte《ポンテ》 Cafe《カフェ》 匠》は、〝希望のカフェ〟として明かりをともすことになった。

お店の名前の《ポンテ（Ponte）》はイタリア語で「架《か》け橋《はし》」という意味だ。

〝障がい者と地域社会をつなぐ、架け橋になりたい〟

おおぜいの人たちの思いが、ひとつになって誕生したカフェ。福島の「匠カフェ」は、ハーモニーが経営する第一号店だが、この第二号店は、ハーモニーと安城養護学校が、ともに協力しあって経営することになった。

冒頭《ぼうとう》でふれたように、《Ponte《ポンテ》 Cafe《カフェ》 匠》で働く由利香さんをはじめ、7人の障がい者の何人かは安城養護学校の卒業生だ。

お店がオープンしてから、まもなく1年になる。いまでは、接客もどうにかスムーズにいくようになったが、はじめの2～3か月はたいへんだった。

（いったい、この先、どうなるのだろう）

店長の川口義勝は、1日に幾度も頭をかかえることになった。ときには、地《じ》団駄《たんだ》を踏みたくなることもあった。たとえば、こんな具合だった。

お昼すぎ、4人の男性のお客さんがやってきた。近くの機械工場で働く人たちだ。4人は、それぞれにパスタを注文する。

「えーと、ぼくは、このボンゴレロッソ」

「うーん、モッツァレラとトマト、きょうはこれにしてみよう」

4人が、てんでにちがうメニューを注文する。接客する真奈美の頭のなかは、たちまち混乱してしまう。お店では、ｉｐａｄ《アイパッド》を使っているから、オーダーをうけると、パネルにタッチすればいいのだが、これがなかなか思うようにできない。

オーダーをうけるだけで、ずいぶんと時間がかかってしまう。

「いったい、どうなっているんだ⁉　早くしてくれよ」

真奈美が、知的障がいだと知らないお客さんは、いらいらして怒りだしてしまった。

お店には、スタッフたちが作業をしやすいように、マニュアルがある。お客さんに接するためのマナーや、手順などを、わかりやすくまとめた手引き書のようなものだ。だが、このマニュアルどおりにやれば、それでいいというものではない。こんなことがあった。

ランチタイムにやってきたお客さんが、パスタセットを注文した。ところがスタッフのひとりが、食事がすんだと思ったのだろう。つかつかっとテーブルに近づくと、なにもいわずに、パスタのお皿を下げてしまったのだ。ふたりづれの女性のお客さんは、なにごとかとびっくりし、口をとがらせたまま、たがいに顔を見あわせた。

「お皿を、お下げしてよろしいですか」

このひとことが、思うようにでてこない……。川口店長は、腕をくんで思案するようになった。

（声を大きくして、どなってみてもなんにもならない。こつこつと、ひとりひとりが学んでいくしかない）

それから川口店長は、お客さんが来店していない時間に、ミーティングを持つようになった。

「みんな、よーく聞いてくれよ。もし、みんながお客さんだとして、とつぜんにお皿を下げられたら、どんな気持ちになるかな」

「うーん、ムッとしちゃう」

「そう、そうだろう。だったら、お客さんがこのお店で、気持ちよく時間をすごせるには、どうしたらいいか、考えてほしいんだ」

「お水をだすとき、ガチャッて音をたてないで、そーっと置くことにする」

「もっと、おいしいコーヒーをだして、喜んでもらいたい」

「お客さんがかえるとき、心からの笑顔で送ってあげたい」

「そう、その調子、その調子！　みんな、お客さんの立場になって、もっと、もっと、いいお店にしような」

店長の声が、明るくはずんだ。ミーティングは、それからも根気よくつづけられた。

曲がったスプーン

朝から降りしきっていた雨が、おひるちょっと前にようやくやんだ。小さな青空が少しずつ広がって、うす日がさしはじめた。

ランチタイムは、１日のうちでいちばんいそがしい時間だ。

「いらっしゃいませ」

真奈美が、ちょっぴりかん高い声でお客さんをむかえた。まず、ふたりづれの男性客が2組、つづいて3人づれの主婦、それから、6人の男性グループが、つぎつぎとお店のなかにはいってきた。

「うわーっ、ねぇ、ねぇ、ど、どうしよう、ど、どうしよう」

キッチンの前に立っていた由利香が、そわそわと落ちつかなくなった。いっぺんに、10人をこえるお客さん。ここのところ発作はかげをひそめていたが、どっと押し寄せたお客さんに、由利香の心はバランスを失った。

「わたし、わかんない、わかんない。ど、ど、どうしよう」

なにやら叫《さけ》ぶと、由利香はお店のおくに走った。そして、かべを両手でパンパンとたたく。かべぎわの棚に、スプーンやフォークをいれたトレーがある。由利香は、息をあえがせながら、スプーンを1本左手でつかんだ。

うーん、うーん、エーイッ!

顔をまっかにして、由利香は、つかんだスプーンに力をいれた。どこから、そんなにすごい力がでるのだろう。スプーンは、弓なりになって曲がってしまった。

（発作がおさまるまで、待つしかない）

由利香を見守る川口店長は、むしょうにかなしい気持ちになった。

スタッフのなかには、由利香とおなじパニック障がいをかかえる青年がいる。奥野恭輔《きょうすけ》、19歳――。１８０センチと背の高いちょっとイケメンの彼は、安城養護学校では由利香の１年後輩《こうはい》だった。お店では最初、接客のウエイターをつとめていたが、「キッチンで料理をつくってみたい」と、川口店長にたのみこんで、それがかなえられた。

だが、お客さんがどっとくると、ときどきパニクってしまう。

「おーい、遅いなあ。注文したパスタ、まだできないのかあ」

お客さんの声が、キッチンにとどく。とたんに恭輔のひたいから、冷や汗がしたたり落ちる。パスタの味つけがわからなくなって、キッチンの床にへたりこむ。

お店がオープンしたころ、恭輔はときどきそんな具合だった。けれど、だんだんなれてきて、いまでは、パニックにおちいることも少なくなった。

だが、安城養護学校に通っているとき、恭輔は、たびたびパニックにおそわれた。おおぜいの人のなかにでると、たちまち発作《ほっさ》は頂点に達した。

「だから集会なんか、絶対に行けない。人の前にでなきゃいけないと思うだけで顔が青ざめて、からだがふるえて……。心臓がパクパクして、なんども死んじゃうのかと思いました」

恭輔は、そのころをこうふり返る。いつもうなだれていて、クラスでは、めったに笑顔を見せない生徒だった。それが、変わったのだ。

お店の仲間から「オックン」と呼ばれている恭輔は、《Ponte《ポンテ》 Cafe《カフェ》

匠》で働くようになってから、とても明るい笑顔を見せるようになった。

「もう、びっくりだよ。だってね、学校じゃ、彼が顔を上げた姿なんて見たことがなかった。それが、こんなに発らつとするようになって、いやぁ、別人になっちゃった。うーん、ほんと、信じられないよ」

ときどきお店にやってくる伊澤校長が、目をほそめて感心するくらいなのだ。

そんなオックンが、人一倍の努力家であることを知っているのは、川口店長だ。

「それまで、料理なんかつくったことのなかった彼が、いまは、10種類のパスタを、いちいちレシピを見ないで、パーッと仕上げてくれる。味付けもうまくなったし、失敗をくりかえして、いつのまにか、めきめき腕を上げてくれた。オックンは、このお店の〝輝く星〟ですよ。人間ってやりがいを持つと変わる……。そのことを彼が教えてくれました」

いま、オックンが、なによりもうれしいこと。それは、「きょうのパスタ、ほんと、おいしかったよ」とお客さんから声をかけられることだ。

「わかんない、ああ、わかんない」

これが口ぐせの由利香も、人なつっこい笑顔で、お客さんの評判もすこぶるいい。

「ゆりちゃんは、このお店の〝看板娘《かんばんむすめ》〟だよなあ」

おじさんたちから、そうほめられる。

「うーん、わかんなーい」

由利香は、テレているのか、そういってごまかしてしまう。けれど、そんな由利香には、とても辛くてかなしいできごとがあったことを、つい最近、川口店長は知った。

安城養護学校で、介護ヘルパー2級の資格を取得した由利香は、卒業すると、老人ホームでお年寄りたちの世話をすることになった。

「あんたって、おもしろい人だなあ」

左から、由利香さん、奥野くん、小山さん、川口店長

「あなたの笑顔……、いいわねぇ。気持ちが明るくなるわよ」

ホームのおじいちゃん、おばあちゃんから、由利香は、ずいぶんとしたわれるようになった。

だが、いっしょに働くほかのヘルパーたちは、もてはやされる由利香が気にいらない。日がたつにつれて、由利香は、しかとされるようになった。〝しかとする〟というのは、仲間を無視することだ。

「あの子ぉ……、養護学校だったんだって。どっかヘンだと思っていたけど、私らといっしょにされるなんて、まっぴらごめんだわ」

そんな声が、由利香の耳にとどくようになった。そのうち仕事をうばわれて、由利香は、なにもすることがなくなった。くやしかった。かなしかった。でも、由利香は泣かなかった。涙を見せたら、負けだと思った。

「こんなとこ、わたしの働くとこじゃない！」

たった3か月で、由利香は、その職場にサヨナラをつげた。

そんな由利香は、《Ponte《ポンテ》 Cafe《カフェ》 匠》では、なくてはならない存在になった。

夕暮れ、川口店長は、お店の裏にでて、両手を思いっきりのばして深呼吸をする。それは、気持ちをリラックスさせるための、いつものくせだ。西の空が、まっかに染まっている。

(ゆりちゃん、オックン、それから、みんな……ありがとう。ぼくはね、きょうも、君たちから元気をもらえたよ。ウソっこじゃない、ほんとの元気を……、もらえたんだ)

夕焼けの空を見つめる店長は、目がしらを両手でこすった。ひとりでにあったかい涙がほおをつたってとまらなくなった。

Ⅲ 絶望から希望へ

電車が怖い

東京の台東区浅草橋――、ＪＲ総武線の駅を降りると、目の前に大きな人形店のビルがそびえ建っている。ほかにも周辺には、中小の人形店がつらなっている。毎年、雛《ひな》人形や五月《ごがつ》人形の季節には、たいへんな人出でにぎわう街だ。

また、近くには問屋街《とんやがい》があり、東京だけでなく、全国から格安の洋服、洋品をもとめて多くの人がやってくる。中高年のオバさんが、大きな紙袋を２つも、３つも持って歩く姿を目にする。

２０００年（平成12年）、お正月がすぎたころ、この街の一角で、ＩＴベンチャーの会社が産声《うぶごえ》を上げた。

株式会社アイエスエフネット。渡邉幸義《わたなべゆきよし》が、３人の仲間と立ち上げた会社だ。

といっても、大きなビルのなかに、その会社があるわけではない。下町の木造家屋が建ちならび、近くを神田川が流れる路地裏。そこに古びたガレージ（車庫）があった。

広さは、たったの10坪（約33平方メートル、約20畳）、このガレージを改装して、曲がりなりにも会社はスタートしたのだった。

（いまは、たったの4人……、それに、こんなちっちゃなガレージハウスの会社だけど、いつか、かならず、世のなかから注目される、社会に役立つ会社にするんだ）

36歳で社長になった渡邉幸義は、このとき、自分にこう約束をした。

起業家《きぎょうか》になろうという夢は、小学5、6年生のころから持っていた。そんな幸義少年に知らず知らずのうちに、考えるヒントをあたえてくれたのが、父、栄一だった。

静岡県の地方都市で、父は紳士服をあつかう商売を営《いとな》んでいた。お店で売るだけではなく、品物をクルマに積んで、夜おそくまで売り歩くこともあった。そんな父の背中を見つめながら、幸義少年は育った。

だが、時代の流れとともに、大型量販店が地方都市にも進出しはじめた。家電製品をはじめ、食品、雑貨、そして衣料の分野にも、それは広がりを見せた。そのため、地元の商店は、つぎつぎに廃業《はいぎょう》に追いこまれていった。

だが、父栄一は、決してへこたれなかった。紳士服をまとめて買ってくれる団体や企業などを開拓《かいたく》していく。大型量販店をものともせず、父はてがたく商《あきな》いをつづけた。

「お父さんは、いつも生き生きしている。ぼくも、大人になったら、お父さんのように、自分で仕事をしたいな」

中学生になった幸義は、そんな思いを強くするようになった。

「ユキヨシ、商売ちゅうんはな、知恵をはたらかせないかん。かべにぶつかったら、知恵をめぐらせる。そうすりゃ、なんとかなるもんだ」

父の口ぐせを聞きながら、幸義は、起業家への夢をふくらませていった。

大学を卒業した渡邉幸義は、外資系のコンピューター会社に就職した。将来、起業するためのお金をためることと、社会経験をつむことが目的だった。

「いつか、自分の会社を持つための予行演習だ。それまで社会勉強をすればいいんだ」

それっくらいの気持ちで、幸義は、会社づとめをはじめた。はなから会社をなめきっていた。だが、どっこい、そうは問屋《とんや》がおろさない。とりわけ外資系の会社は、戦場ともいえる、きびしい競争社会だった。

営業マンの彼は、くる日もくる日も、売れない商品を売り歩かなければならない。朝、5時に起きると、たいていは午後10時近くまで、ひたすら営業という最前線で、もう、へとへとになった。そんな毎日がくり返された。

理不尽《りふじん》だったのは、ある日、とつぜんに〝首《くび》を切られる〟ことだった。理不尽というのは、ものごとのすじ道に合わないことだ。営業の成績が上がらないと、文句をいわせずに働く場を追われる。

いっしょに入社した仲間が、つぎつぎと首を切られていなくなる……。

（つぎは……。オレの番だ。いったい、なんのために、こんなにあくせくしながら、この会社で働いているのだろう）

そんな疑問が、幸義の心につきまとうようになった。毎日が、おもしろくない。砂をかむような日々が、くり返されるようになった。

入社して、４年ほどがたった。

駅舎の軒うらに、ツバメが巣をつくった。親ツバメが、ひなたちにえさをはこんでいる。五月《さつき》晴れの空がひろがって、心もうきうきするような日だ。だが、幸義の気持ちは、それとは正反対にくらく沈んだ。会社に出勤するため、駅のホームまでやってきた。すると、とつぜん胸がしめつけられたように苦しくなった。

ホームに電車がすべりこんできた。ドアがあいて、人びとは、四角い箱にどっと吸いこまれてゆく。

「一番線から、池袋行きが発車しまーす。まもなく、ドアが閉まります。ご注意ください」

アナウンスの声がひびく。幸義は、電車に乗ろうとした。が、からだが動かない。自分のからだが、自分のものではないような妙な感覚にとらわれた。まわりの風景がグラグラとゆれだした。

「な、なんなんだ、これは……!?」

やっとのことで、足を引きずるようにして歩くと、幸義は、ホームのベンチにたおれこんだ。心臓が、ドックン、ドックンと大きく波打っている。手足がしびれて、ひたいから冷や汗がふきだした。ようやくもとの状態にもどったのは、30分ほどがたったときだった。

その日から、幸義は、電車に乗るのが怖くなった。だが、会社に行くには電車に乗らなければならない。自分をなだめになだめて、電車に乗りこむしかなかった。

そのころ幸義は、埼玉県のある町に住んでいた。東京の都心へ向かう埼京線《さいきょうせん》で通勤する。最寄りの駅である「戸田公園」から、会社のある「池袋」まで、わずか15分だ。このあいだに5つの駅がある。

乗り込んだときはいいのだが、そのうち息が苦しくなって、とても乗っていられなくなる。だから、つぎの駅で降りる。また、電車がくると、どうにか乗りこむ。そして、また降りる。ひと駅ずつ降りながら進むから、15分で行ける距離に、1時間以上かかるというありさまになった。

そんな発作に、ときどき幸義はおそわれるようになった。

うすぐらい洞くつのなかを、幸義はたったひとり、裸足《はだし》で歩いていた。

(出口はどこだ、出口はどこなんだ)

幸義は、頭をかきむしりながら、洞くつの迷路をさまよい歩いた。岩かべに、なんどもぶつかった。ぶつかりながら、一歩、一歩すすむ。ようやく、前方に一条の光が見えた。

（やっと、見つけたぞぉ！）

走りだそうとしたときだ。洞くつの天井から無数の蛇《へび》がたれさがっている。足もとにも、かまくびをもたげた蛇がいる。その蛇にかまれれば、たちまち猛毒が全身にまわって死んでしまうのだ。

それでも幸義は、無数の蛇をめがけて突進した。

（あーあ、一巻のおわりだ！）

びっしょりと汗をかいた幸義は、むっくりとベッドの上に起きあがった。

「ゆ、ゆめだったのか……!?」

幸義は、ようやく我《われ》にかえった。連日の営業活動で、からだも心も疲れきっていた。かまくびをもたげた無数の蛇は、理不尽さをどんどん要求してくる巨大な組織だった。
（このままじゃ、オレはつぶれてしまう。いや、二度と立ち上がれなくなってしまう）
入社して10年目の秋もおわり、渡邉幸義は外資系の会社に別れをつげた。

履歴書《りれきしょ》なんていらない

（オレは、社会に役立つ会社を立ち上げねばならないんだ。夢を……、夢でおわらせてはいけないんだ）

幸義は、心のバネを巻きなおした。もうパニックにおちいることもなくなった。外資系の会社で働いたことは、決して無駄ではなかった。コンピューターの世界が、あらゆる機器に対応して、ネットワークを形成する時代が、もうすぐやってくる。

インターネットは、これからの生活になくてはならないメディアとなる。そのことを、彼はとことん教えられた。

「こ、これなんだ。これからの世の中は、インターネットによって、どんどん変わっていく。このビジネスチャンスを、逃《のが》してはならない」

チャンスは自分の手でたぐり寄せるものだ。決めたら、すぐに動きだす。挫《ざ》折《せつ》しかけた幸義は、胸を高ならせてアクションを起こした。インターネット技術に関する勉強をはじめた。

こうして、ITエンジニアを育て、派遣《はけん》をおこなう、株式会社アイエスエフネットは誕生した。折りから、2000年（平成12年）は「IT革命《かくめい》元年」といわれた年だった。

とにかく、すぐに人材を確保しなくてはならない。それも、できたばかりの会社だから、すぐに力が発揮できる、ネットワーク・エンジニアが必要だった。

さっそく、経験のあるエンジニアを採用《さいよう》するため、募集広告をだした。

ところが社長の渡邉は、採用の面接をはじめたとたんに、がっかりすることになる。応募者はつぎつぎとやってくるが、どいつもこいつも態度が悪い。平気で遅刻をしてきたり、なかには、履歴書《りれきしょ》を持ってこない者もいた。

「約束の時間に20分も遅《おく》れてるよ。どうして遅刻《ちこく》したの？」

「場所がわからなかったから」

「場所がわからなかったって、きみぃ……」

「こんな……、ちっぽけな会社じゃ、さがすのに時間がかかるの、あったりまえでしょ」

ジーパンにTシャツでやってきた若者は、ふてくされた顔で、渡邉社長を見つめた。もう、話にならない。つぎの若者は、いちおうネクタイをしめたリクルート姿だった。

「履歴書……、なんで持ってこなかったの？」

「えっ、そんなのいるんですかぁ」

「いるんですかって、当たり前だろう」

「そんなこと、いわれてないよ。こっちは、ちゃんとした経験と技術があるんだから、それで充分じゃないですか」

「それはないだろう」

「あーあー、ごちゃごちゃいわれるんなら、もう、いいよ。せっかく、はいってやろうと思ってきたのにさぁ」

ため口をきいたすえに、若者は、ドアをバタンと蹴《け》ると帰ってしまった。

このころ、ＩＴエンジニアは希少《きしょう》な存在だった。カジュアルなかっこうで、自由業だという雰囲気《ふんいき》があった。そんな彼らは、自分たちが高く売れるのだと思い上がり、「条件がよかったら、はいってやろう」、そんな感覚だった。渡邉社長は、そんな若者たちに鼻持ちがならなくなった。

ほとほと頭を悩ませているときだった。見るからに、実直そうな青年がたずねてきた。その青年は、ＩＴそのものにはまったく未経験だった。募集要項には「経験者」とうたってあるから、まるで経験がないのに、面接にくること自体が、無茶なトライというものだった。

渡邉社長は、なかば興味はんぶんで面接にのぞんだ。

「いやぁ、知識も経験もないのに、よく応募してきたね。どうして⁉」

いっしゅん、肩をすくませた青年は、姿勢をただすと、一気にこういった。

「はい、わたしは経験がありません。しかし、どんな仕事でもやってみたいんです。人の何倍も努力して、しっかり技術を身につけますから、ぜひ、やらせてください」

その声には、真剣さと謙虚さがこもっていた。しばらくだまったまま、渡邉社長は、青年の澄んだ目を見つめた。それから、幾人かの未経験者が面接を受けにきた。

夕暮れ、渡邉社長は、神田川のほとりにやってきた。川面をじっとながめた。

（これまで自分は、経験者でなければ、会社の戦力にはならないと決めつけていた。けど、えらそうな経験者の若者より、未経験者の彼らのほうが、よっぽどしっかりしているじゃないか……）

川は、オレンジ色にかがやきながら、静かに流れている。

（だったら、いっそのこと、未経験者を採用して育てたらどうだろう。多少のリスクはあるかもしれない。だが、謙虚でやる気のある人たちを育てたほうが、将来的には、まちがいなく、会社をあと押しする力になってくれるだろう）

目からウロコの渡邉社長は、スイッチをオンに切りかえた。

未経験者を採用するとなれば、応募してくる人が、これまでなにをやってきたか、どんな学校を卒業したかなど、そんな前歴は関係ない。だから履歴書など、見る必要がなくなった。

（自分の過去にあぐらをかいている人よりも、やる気を持って、未来を見つめ

アイエスエフネットグループを率いる社長の渡邉幸義さん

ている人を採用しよう）

それが、アイエスエフネットの〝履歴書を重視しない採用〟のはじまりだった。だから面接にのぞむ渡邉社長は、真剣勝負になった。将来、力となってくれる人を、応募者のなかから見つけだしたい。渡邉社長は、料理につかう素材を、目ききでえらぶシェフのように、ひとりひとりと真剣に向き合った。履歴書を見ない面接を重んじる採用で、さまざまな人たちが、アイエスエフネットの社員となった。そして、ともに働くことになった。

どんな人にも、過去をふり返れば、失敗は必ずある。思いだすのも辛《つら》い過去もある。だが、過去は変えることができない。でも、だれもが平等に、これから歩いていく未来は、その人の気持ちひとつによって変えられる。

渡邉社長はそのことを、これからさき、どんなことがあろうとも信じようと思った。

応募者ゼロ

パニック障害で、電車にも乗れない。

食欲が落ちて眠れない。

意味もなく、死にたいという気持ちになった。

外資系の会社にいたころ、渡邉社長は、メンタル不全《ふぜん》に悩まされた。メンタル不全というのは、自分で自分の心をコントロールできなくなってしまう状態のことだ。

代表的な例は「うつ病」で、これは年々増えていて、厚生労働省の調査では、600万人を超えるまでになっている。日本人の15人に1人は、うつ病の経験があるともいわれる。

（人間というのは、いやなことをずーっとやっていると、こわれていく。あのまま会社にいたら、廃人《はいじん》になっていたかもしれない）

〝廃人〟というのは、病気などのため、ふつうの社会生活ができなくなる人のことだ。いまも渡邉社長は、あのころの不安と恐怖を思いだすことがある。

ところが会社をやめ、36歳で会社をおこしたとたん、不思議なことにメンタル不全は、すっかりかげをひそめた。心がプラスの方向に燃えることで、メンタル不全が治ってしまったのだ。

そんな経験があるからこそ、渡邉社長は、障がいのある人の立場に立つことができる。

「そうだ、障がい者の人たちの雇用に力をつくそう。はじめはささやかな力かもしれないが、その輪を広げていこう」

会社をつくって2年もたたないうちに、渡邉社長は、それを会社の方針とすることにした。

《アイエスエフネットは、積極的に障がい者を採用します》

ハローワークに募集広告をだした。これで、社会に役立てる会社として、第一歩が踏みだせる……、渡邉社長をはじめ幹部たちは、気持ちをはやらせた。ところが1か月がたっても、2か月すぎても、だれひとり応募してくる者がいない。

「募集広告のだしかたが悪いからだ」

「いや、給料が安すぎるからだ」

「こんなちっぽけな会社は、やっぱり、相手にされないんだよ」

いろんな原因が考えられた。けっきょく、1年たっても、2年がたってもなしのつぶてで、応募してくる気配もなかった。さすがに渡邉社長は、首をかしげざるをえなかった。

そのうち、だんだんわかってきた。応募者がいない理由のひとつは、ITという業種に対する不安と戸惑いだった。そのころＩＴというのは、一般の人にはなじみにくい分野だった。いったい、なにをしている会社なのか。どんな人が働いているのか。もし、採用されたとしたら、自分たちはなにをすることになるのか。ほとんど知られていなかったからだ。

そのころ、障がいのある人たちが働ける場といえば、印刷業や清掃業、飲食業がほとんどだった。だから〝未知の世界〟ともいえるＩＴ企業への就職に不安をいだくのは、当然のなりゆきだった。

そして、もうひとつの理由。それは当時のアイエスエフネットは、まだ従業員が数十名の小さなベンチャー企業だった。

（名前も知られていない、海のものとも山のものともつかない会社だもんな。つぶれやしないかって、不安になるのは当然かもしれない）

渡邉社長は、自分たちの見かたがあまかったことを知った。

そのころ、養護学校を卒業すると、授産《じゅさん》施設へ通うというのが、障がい者の親が望む一般的な進路だった。つまり、授産施設はつぶれないと思われているので、そこにはいれば、永久就職をしたようなもの。たとえ給料が安くても、お父さんやお母さんは安心できたのだった。

こうして、ひとりの障がい者も採用できないまま数年がたった。

街路樹のいちょうの葉が、黄色に染まりはじめたころだった。渡邉社長は、数人の社員をつれて居酒屋にでかけた。その店では、障がいのある人たちを、積極的に雇《やと》っていた。それで一度、行ってみたいと思っていたのだ。

「なあ、みんな、どうやったら、障がいのある人たちを採用できると思うか⁉︎」

焼酎《しょうちゅう》のお湯割りを飲みながら、渡邉社長は、社員たちに意見をもとめた。お酒がはいるうちに、ああでもない、こうでもないと、いろいろなアイデアがだされた。

「うーん、もうひとつ、現実味に欠けるなあ。こうパーッとした方法がないものかな」

大きな声をひびかせ、渡邉社長は思案《しあん》顔になった。すると、となりのテーブルにいた客の男性が声をかけてきた。

「さきほどから、障がい者の雇用について、熱心にお話しになってるのを、聞くとはなしに聞いておりまして……」

その男性は、都立青鳥《せいちょう》養護学校（現・都立青鳥特別支援学校）の進路指導の先生だった。

「いやぁ、これは……、思いもかけぬ方とお目にかかることができました」

渡邉社長の目がかがやいた。そして渡邉社長は、障がい者雇用に対する思いを、熱っぽく語った。それから小1時間ほど、話がはずんだ。

「こんど、生徒をつれていきますので、会社を見学させてください」

「そうですか……。いつでもどうぞ、お待ちしています」

それから、3日ほどがたった昼下がりだった。先生が、ひとりの男子生徒をつれて、会社見学にきてくれた。そしてその生徒は、「卒業したら、ぜひ就職したい」と希望し、すぐに採用することが決まった。

偶然の出会いが、渡邉社長の夢をかなえてくれた。創業して6年目の2006年、アイエスエフネットの障がい者雇用第一号が誕生した。このあと、ほかの都立養護学校の卒業生が入社を希望し、結果的に2名の障がい者が働くことになった。

《健常者と障がい者が、たがいに手をたずさえて、生き生きと働ける会社をつくりたい》

この強い思いを胸に、渡邉社長は、新たな第一歩をふみだした。その原点はいったい、どこにあるのだろうか。障がい者に対して、なぜ、そこまで思いがむくのだろうか。

話は、すこし前にさかのぼる。渡邉社長が26歳、外資系のコンピューター会社に勤めていたころだ。

母の千代子さんが、脊髄《せきずい》の病気にかかった。父から知らせを受けて、渡邉幸義は静岡の実家に駆けつけた。

玄関をはいった幸義は、思わず自分の目をうたがった。母は、ソファにつかまって立ち上がろうとするが、どうにも、下半身に力がはいらない。

「母さん、いったい、どうしたんだ」

ようやく幸義は声をかけた。が、母は、ぺたりと床にすわりこんで動かない。

(まだ、60歳にもなっていないのに、どうしてこんなことに……)

幸義は、茫然《ぼうぜん》となって、母を眺《なが》めた。

「とにかく、病院で診《み》てもらうしかない」

母をつれて、あちこちの病院をたずね歩くことになった。だが、病気の原因がわからなかった。

「いやぁ、むずかしい病気ですから、いまのところ有効な治療の方法がありません」

診察をしてから、どこの病院の医師も顔をくもらせた。1週間に一度、幸義は、東京と静岡を往復した。そのたびに、母の症状は重くなる。だが母は、心配をかけまいと、トイレにも顔を赤くしながら、息をあえがせ這《は》っていく。もともと性格の明るい母だったが、日がたつにつれて笑顔は消えていく。やがて、ほとんど半身不随《ふずい》の状態になった。

(なんてことだろう、オレは、ただ眺めているだけで、なんにも、母さんにしてあげることができない)

つらそうな母を見るたびに、幸義はいたたまれなくなった。自分の無力さを思い知って、くやし涙を流した。前途になんの光明も見えてこない。父も、口数が少なくなった。

目の前にあるのは、絶望の2文字だった。そんなとき、知人から東京の病院を紹介された。もう、わらにもすがりたい気持ちで病院をたずねた。長い時間をかけて、さまざまな検査がおこなわれた。

(これから、どんなことを告げられるのだろう。やっぱり、治らないのだろうか)

幸義の胸のなかは、不安とおそろしさでいっぱいになった。息をするのが苦しくなった。

いよいよ診断の結果を聞くことになった。幸義は、なかばあきらめて医師と向きあった。カルテに目をやったあと、40代なかばの医師は、幸義に顔をむけた。

「渡邉さん、お母さん、なおりますよ」

「えっ、……⁉」

いっしゅん、幸義は、キツネにつままれたような顔になった。

「いや、心配はいりません。治ります」

「どこへ行っても、治療法がないといわれました。でも、ほんとうなんですか」

「だいじょうぶです。私を信じてください」

医師の言葉には、ゆるぎのないひびきがこもっていた。時間が止まったようになって、幸義には、その医師が神様に見えた。

その夜、幸義はなかなか寝つけなかった。

(むずかしい病気の患者を治し、患者の人生を、絶望から希望に変えることのできる医師がいる。そうだ、オレも困難に直面している人に、希望をあたえられる人間になりたい)

実家のうら庭で幸義は、背のびをしながら空を見上げた。冬もまぢかな夜空に、星はちかちかとまたたいている。空高くオリオン座、その下に、ひときわシリウス星が光っている。

(これまで、ただばくぜんと、会社をおこせばいいと思っていた。そうじゃないんだ。困難を希望に変えられる人……。どれだけのことがやれるかわからないけど、そういう道を自分はすすんでいきたい)

幸義はそうつぶやいて、また空を見上げた。

Ⅲ 生かされた命

君ならできる

話はとつぜん変わるが、ここで障がい者雇用の現状にふれてみたい。少しむずかしい話になるかもしれないが、がまんして障がい者の人たちに心を寄せてほしい。

現在、一定規模以上の企業（50人以上の従業員がいる会社）は、法律によって身体障がい者、または知的障がい者を一定割合以上、雇用することが義務づけられている。

この割合は「法定雇用率」と呼ばれ、民間の企業では、2・0パーセント、国、地方、公共団体などでは、2・3パーセントと規定されている。つまり、従業員1000人の会社では2人、1000人の会社では、約20人の障がい者を雇わなくてはいけないのだ。

『障害者白書』（内閣府・平成23年版）によると、日本の障がい者人口は、身体障がい者が366万3000人、知的障がい者が54万7000人、精神障がい者は323万3000人。複数の障がいをあわせ持つ人もいるため、およそ国民の6パーセントの744万3000人が、なんらかの障がいを持っていることになる。このうち仕事をえて働いている人（就労者《しゅうろうしゃ》）は、およそ35万人にすぎない。


2006年の春、アイエスエフネットは、養護学校の卒業生、2人を受けいれた。

それから数か月たった。渡邉社長が気になったのは、彼らの両親が、アイエスエフネットという会社で働くことを、どう見ているかということだった。

（親は子どものことをいちばんよく知っているわけだから、なにかプラスにな

る情報を聞けるかもしれない）

渡邉社長は、ひとりのお母さんと会うことにした。

「息子《むすこ》は、社長さんの会社で働くことができて、もう、楽しくてしかたがないといっております」

「そうですか。それは、私たちもうれしいです。息子さんには、これからも、この会社で働いてもらいますから、どうぞご安心ください」

渡邉社長は、にこやかにかたりかけた。だが、お母さんの顔が、ちょっぴりくもったように見えた。

「なにか……、ご心配な点がありますか」

いおうか、いうまいか、お母さんは少し迷ったあと、おもむろに口をひらいた。

「じつは、この子の兄もおなじように障がいがあり、いま施設にはいっています。施設には、おなじような障がいのある人が多くいらっしゃいますし、職員のかたたちも、本人の日々の状態を理解していただけるので、親としては安心して子どもをまかせられます。

でも、こちらの会社では、社員のみなさんも、それぞれの仕事でお忙しいでしょうから、ご迷惑になったり、それに子どものことを、そうそう気にかけてもらえないのでは……、と不安がのこるのです」

お母さんは、しゃべりすぎたと思ったのか、もうしわけなさそうな顔になった。

「いやぁ、よく話してくださいました。お母さんが、不安を持たれるのも、もっともなことだと思います。息子さんが、もっと生き生きと、安心して働くことができるように、会社のありかたを考えてみたいと思います」

それから3日ほど、渡邉社長は思案をめぐらした。

(特例子会社《とくれいこがいしゃ》ってのは、どうだろう。これだと、一般の企業よりも、障がい者にあれこれと気をくばることができる……。うーん、そうだ、特例子会社だ)

渡邉社長は、ポンと両手を打った。障がいのある息子を持つ母親の言葉が、渡邉社長の背中を押したのだ。

特例子会社というのは、障害者雇用促進法にもとづいて、親会社が障がい者に対して、とくべつの配慮をすることで、厚生労働省から認定される子会社のことだ。

ちょっとわかりにくい話になるが、ふつうは、子会社の障がい者雇用率は、親会社に反映されない。しかし、特例子会社だと、親会社の雇用とみなされるという「特例」があるのだ。

〝特例子会社をつくる〟——、スイッチがオンになれば、すぐにやる。「前へーすすめ！」が渡邉社長のモットーだ。

さっそく、障がい者雇用ということに、ともに力を合わせてきた白砂祐幸《しらすなまさゆき》に、このことをつたえた。アイエスエフネットが創業して3年目に入社した白砂は、このころ32歳だった。

「いいか、特例子会社を3か月でつくってくれ」「えっ、3か月……!? そ、そんな……」

「いや、君ならできる。できるんだ」

白砂は目をまるくしたが、渡邉社長は、有無をいわせなかった。

さすがに、3か月後というわけにはいかなかったが、1年後には、会社を立ち上げるところまでこぎつけた。渡邉社長の気迫が、白砂祐幸をぐんぐんと引っぱって動かしたのだ。

こうして2008年1月15日、「アイエスエフネットハーモニー」（以下、ハーモニーと呼ぶ）がスタートし、3月27日、特例子会社として認可された。会社を運営するスタッフは、白砂のほかに3名。福祉の専門家はいない。7名の障がい者を雇うことになったが、このうち6名が重度の障がい者だった。

この先、いったいどうなるのか。なにが待ちうけているのか、だれにもわからない。とにかく前にすすむしかない。「ハーモニー丸」は、帆《ほ》をふくらませながら青い海原へすべりだした。

あと、どれくらい生きられますか

特例子会社アイエスエフネットハーモニーが動きだしてから、渡邉社長の心のすみにわだかまっていることがあった。それは、こんな思いだった。

《誰がいつ、障がい者の「がい」を「害」という漢字にしたのでしょうか？障がい者は決して「害を受けている人ではありませんし、ましてや「害」を及ぼす人でもありません。

かけ算ができないから駄目なのではなく、どんなことでもいい、まずはいいところを見つけてあげませんか。

すると彼ら、彼女たちは実にユニークな個性を持った人として輝いてきま

す》（渡邉幸義著『美点凝視の経営』より）

ある日、渡邉社長は、社員たちにこう提案した。

「いっしょに働く仲間を、〝障がい者〟と呼ぶのは、なんだか区別しているような気がしてならない。まず、うちの社内だけでも、べつの呼びかたをしようじゃないか」

こうして、社員たちからいろいろな案がだされた。そして、呼びかたが決まった。

「フューチャー・ドリーム・メンバー」（Ｆｕｔｕｒｅ Ｄｒｅａｍ Ｍｅｍｂｅｒ）——

英語で「フューチャー」は〝未来〟。そして「ドリーム」は〝夢〟だ。つまり、「未来の夢をともに実現する仲間」という思いをこめて名づけられたのだった。

それからアイエスエフネットで働く者はみな、ハーモニーで働く、障がいのある社員たちを英語の頭文字をとって「ＦＤメンバー」と呼ぶようになった。

すべての社員たちが、たいせつにするキーワードとなった。

ハーモニーで働くFDメンバー（障がい者）は、年を追うごとに増えた。

2年ほどがたった2010年の春、ハーモニーは、現在の東京・中野区立商工会館に、本社を移転するまでになった。

ハーモニーが、ここまでたどりつくことができたのは、まずFDメンバーたちのたゆまぬ努力があった。そして、それを支えたスタッフの熱い思いがあった。なかでも、白砂祐幸の働きは大きかった。

だが、その白砂には、こんな苦しい日々が秘められていた。


大学を卒業した白砂は、IT企業に就職した。営業を担当することになり、彼は、その第一線でがむしゃらに働いた。営業成績はぐんぐん伸びて、社内でも〝トップ賞〟を2度ももらった。こうして、4年の歳月が流れた。

（たしかに営業では、自分なりに自信がついた。でもこのままじゃ、大きな組

織の歯車のひとつにしかすぎない）

白砂の胸に、そんな思いがふくらむようになった。渡邉社長がそうであったように、白砂祐幸も、いずれ、小さくとも会社をおこしたいと考えていた。

（それには、経営のノウハウを学ばなければならない。そうだ、まず経理の勉強をしよう）

ちょうど、そんなときだった。アイエスエフネットの社員募集広告が目に止まった。それには「無知識、未経験でも採用する」と書かれていた。この文句にひかれ、２００３年1月、白砂は、アイエスエフネットの面接にのぞみ、再就職することがかなった。

「ここで仕事をしながら学び、とにかく力をつけるしかない」

将来の夢にむかって、白砂は毎日が楽しかった。心に張りあいが生まれた。

こうして2年あまりがたった。２００５年3月のはじめのこと。朝、目覚めた白砂は、トイレに行こうとした。すると、下半身にとつぜん、激しい痛みが走った。

「あっ、いてぇ、う、うーっ、ああ、う、うーっ」

トイレの前でうずくまった彼は、必死で痛みをこらえた。もう、オシッコどころではない。ズッキン、ズキンと激しい痛みが、下半身から突き上げてくる。まるで、錐《きり》をもみこまれるような痛さだ。ひたいにあぶら汗がにじんだ。

ところが痛みは、10分ほどでスーッと引いた。ふしぎなことだった。からだの変調が気になったが、彼はいつものように会社に出勤した。

昼休みが終わり、仕事にとりかかってしばらくたったときだ。また、錐《きり》をもみこまれるような痛みがおそってきた。ぐーっと痛みをこらえた白砂は、そーっと席を立つと、社内のトイレに駆けこんだ。

「ハー、ハー、う、うーん」

息をあえがせながら、ひたすら発作《ほっさ》が去るのを待った。トイレに駆けこんだのは、ほかの社員に気づかれたくなかったからだ。

不意におそってくる痛みは、退散してはくれなかった。つぎの日も、またつぎの日も、痛みは彼をさいなんだ。

（やっぱり、おかしい。もう、放っておけない）

5日ほどがたって白砂は、小さな病院をたずねた。すると診察もそこそこに、その医師から意外なことをいわれた。

「白砂さん、一度もっと大きな病院で診《み》てもらってください。いいですか、必ず診てもらってくださいよ」

その医師の強い言葉に押され、つぎの日、彼は総合病院をたずねた。診察の結果、すぐに検査入院することになった。血液検査をはじめ、下半身の皮ふの切片《せっぺん》を調べたり、さまざまな精密検査がおこなわれた。

3日め、白砂は、担当した医師から検査結果を知らされることになった。

50代なかばの医師は、気むずかしそうな顔でカルテにペンを走らせていた。

「どうぞ、かけてください」

白砂は、医師とむきあってすわった。重くるしい空気が、診察室にただよった。

「検査の結果がでました。いいですか……、心を落ちつけて聞いてください」

ふーっと息をしてから、白砂は、じっと医師の顔を見つめた。

「結論からいいますと、あなたの病気は……進行性のがん……、精巣《せいそう》がんです」

「えっ!?……、精巣がん……」

医師の言葉が、白砂にはすぐにのみこめなかった。なにかの病気だとは思ったが、まさか、がんに侵《おか》されているとは思いもかけないことだった。

「がんの進行を止めるクスリは……、ないのですか」

白砂は、からだをのりだしていった。

「いや、クスリでこの病気をおさえることは、まず不可能なことです。それに……、まことに辛いことをいいますが、がんは第４ステージ、つまり末期の段階にきています」

「そ、そんな……、それじゃ、あ、あと、どれくらい生きられるのですか」

「………」

「先生、いってください。ぼくは……、ぼくは、あとどのくらい……」

「確かなことはいえませんが、あと……、3か月ぐらいだと思ってください」

白砂のくちびるが、わなわなとふるえた。診察室も、医師の顔もぼーっとかすんで見え、頭のなかがまっ白になった。

どこをどう歩いたのか、気がつくと病院の中庭に立っていた。

「なんていうことだ……。よりにもよって……キ、キンタマに、がんが巣《す》くうなんて……」

白砂は、笑おうとした。笑いたかった。だが、ほおは引きつって、ひとりでに涙はこぼれた。中庭の桜のみきを両手でたたきながら、29歳の彼は、しゃくり上げて泣いた。

大きな満月

精巣《せいそう》がんは、男性の睾丸《こうがん》の内部にできる腫瘍《しゅよう》だ。多くが20歳～30歳代の青壮年期に発症するといわれる。精巣に腫瘍ができると、精巣の内部や表面に、かたいしこりができる。

はじめは痛みがないので、気がつかずにいると、腫瘍の内部で血管がやぶれ、とつぜん、激しい痛みをともなう。悪性の腫瘍の場合は、すみやかに進行性のがんとなり、全身に転移するケースが多く、死にいたることもまれではない、という。

すぐに入院することになった白砂は、手術を受けることになった。そして、がんができた精巣全体が、手術によって取りのぞかれた。

つぎの段階は、抗がん剤の投与と放射線による治療だった。だが、この治療によって、がんをやっつけ、完治する確率は4パーセント、よくて6パーセントだと、医師から告げられた。きびしい現実に、白砂は打ちひしがれ、生きる気力をなくしそうになった。

そんな白砂に、目には見えない力を与えてくれたのが、郷里の長野県から駆けつけた母親だった。

母は、息子の前では、決して涙を見せなかった。ただ、ハンカチをにぎりしめて、じっとこらえている。

(ああ、ぼくは……、病気になったことで、母をこんなに苦しませている。きっと母は、かげでは泣いてるんだろう。だが、ぼくには、涙を見せない……。そうなんだ、ぼくは……、ぼくは、がんなんかに負けてはいけないんだ。

たとえ、医師から見すてられても、生きる力を……、生きる希望を、なんとしても、この胸に呼びこまなくちゃいけないんだ)

それから3日がたった。主治医のところに急ぎ足でやってきた白砂は、自分でもびっくりするような声でいった。

「先生、迷っていてすみませんでした。抗がん剤と放射線……、ぼくは、受けることにします。よろしくおねがいします」

白砂の一縷《いちる》の望みは、こうして化学療法にたくされた。〝一縷〟とはちょっとむずかしい言葉だけど、1本の細い糸のように、いまにも切れそうなようすだ。だから〝わずかな望み〟をかけたということになる。

だが、この治療法がたいへんだった。点滴による抗がん剤の投与を受けると、体力を根こそぎうばわれてしまう。もう、へとへとになって、白砂はベッドにたおれこんだ。そんな日がつづくようになった。

でも、それは、歯をくいしばってでもがまんができた。辛かったのは、おなじ病棟でがんとむきあっていた患者が、ひとり、またひとりと、いのちの火を消していくことだった。

深夜の病院は、ぶきみなくらいにしずかだ。ベッドで目をとじてみるが、どうにも眠れない。起き上がった白砂は、そーっと音をたてないようにして病室をでた。病院の廊下《ろうか》をただ歩く。スリッパの音が、パッタパッタとなる。階段をぬき足、さし足でのぼると、病院の屋上にやってきた。

手すりにもたれて、白砂は、眼下にひろがる街の灯《あかり》をながめた。

(ぼくも……、もうすぐ死んでしまうのだろうか。死にたくない……、なんにもしないで、このまま、自分の人生にサヨナラするのはいやだ)

涙でかすむ白砂のひとみに、遠い街の灯がうるんでゆれた。

抗がん剤の投与と放射線による化学療法は、7か月にわたってつづけられた。

「ひとまず、治療はワンサイクルをおえたので、退院していいですよ」

医師からそう告げられたとき、白砂は、からだがふるえるほどうれしかった。

1年前に「余命は、あと3か月……」と宣告された。それが、いのちをつながれたのだ。

２００６年３月、白砂祐幸は、ひとまず退院することができた。病院をあとにするとき、主治医からこういわれた。

「また、きびしいことをいいますが、５年以内に再発する確率は、40パーセントです。それをクリアして再発をしなければ、希望を明日につなぐことができるかもしれません。

白砂さん、これからのあなたの生きかたを、考えなさい、いいですね」

医師の言葉が、胸のおく深くまでしみこんだ。それから白砂は、自分の心に問いかけた。問いかけては迷った。悩んだ。

ベンチに腰かけた彼は、ぼんやりと思いをめぐらした。夕暮れまぢかい公園には、人かげもない。たんぽぽが、ときおり吹く春の風にゆれている。

（あと、５年かぁ……。でもこの先、どうなるかわからない。それなのに、会社にもどっても、迷惑をかけるだけだ。やっぱり、郷里に帰ろう。両親のそば

にいたほうが、親孝行になるのかもしれない。そうだ……、それしかない）
気がつくと、あたりは、すっぽりと夕やみにつつまれていた。

つぎの日、白砂は、ちょうど1年ぶりにアイエスエフネットの本社にやってきた。すぐに渡邉社長のもとをたずねた。

「いやあ、白砂くん、退院できてよかった、よかった。ほんとに、よかった、よかった」

〝よかった〟を幾度《いくど》もくり返して、渡邉社長は、白砂の両手をにぎった。

「社長、みじかいあいだでしたが、たいへんお世話になりました」

白砂は直立不動の姿勢になって、それから頭をさげた。

「おい、白砂、おまえはなにを寝ぼけたことをいっているんだ。たいへんお世話になりましただってぇ……。ふざけたことをいうんじゃないよ。私はね、きみが1日も早くもどってくることを、待ってたんだぞぉ」

がんになったことで障がい者に寄り添えた白砂祐幸さん

ひとりでに声は荒っぽくなって、渡邉社長は、ほおを赤らめた。

「いいえ社長、ぼ、ぼくはこの先、どれだけ会社のためになれるか……!?」

「いいえも、へったくれもないんだよ。きみの仕事はな、もう、とっくに用意してあるんだ。おい、いつから復帰できるんだ」

「いつからと、いわれても……」

「じれったいやつだな、白砂……。こんどやってもらう仕事はな、きみにしかできないことなんだ。

きみは……、病気になって、言葉ではいえないほどの苦しみを経験し、いっぱい、いっぱい、涙を流したんだろう」

「はい……」

「だったら、いのちの大切さ、生きるってことの喜びを、だれよりも知ってるはずじゃないかぁ。そのきみにしかない思いを、障がいのある人たちにぶつけてほしいんだ。

きみならやれる、きみだからできるんだよ」

「わかりました……。もうしわけありませんが、2、3日、考える時間をください」

その日の帰り道、白砂の胸のなかは、熱い涙と、せつない涙がいりまじったようになった。

（こんなになっちゃったオレを……、それでも、ちゃんとみとめてくれる人がいる。オレのために、席を用意してくれている……。そうなんだ、どうせ、死んでいたかもしれないいのちなんだ。

だったら、やってみよう。だれかのために、このオレが少しでも役に立つのなら、そのことに、限りあるいのちを燃やしてみよう）

まもなく30歳になる白砂祐幸は、足を止めて、なにげなく空を見上げた。びっくりした。大きな満月が、なにかをささやきかけるように、彼を見おろしていた。

動物シール作戦

「おはようございまーす」

地下鉄の階段をのぼって、大通りへでたところで、白砂祐幸は、うしろから声をかけられた。ふりかえると、アイエスエフネットの女子社員、3人づれが出社するところだった。

「白砂さん、また、会社にもどれて、ほんとよかったですね」

「どうも、ありがとう」

女子社員たちは、足早に会社にむかっていく。深呼吸をひとつして、手に持った黒いカバンをポンとたたくと、白砂も急ぎ足になった。

〝のこされた命は、あと3か月ぐらい〟と宣告された白砂は、ふしぎに生かされて再び働くことがかなった。

（一度は、死んでしまったかもしれない人間なんだ。だったら、みんなのために精いっぱい、働こう）

復職した白砂が、まず取り組んだのは、チャレンジンググループの仕事だった。ここでは、障がい者だけではなく、病気やメンタル不全のために休職し、また会社にもどった人、育児のために休職して、それから復職した人たちを受けいれていた。

白砂も、彼らとおなじように復職者だった。だから復職して、不安な気持ちをかかえる社員の立ち場がよくわかった。白砂は、チャレンジンググループの仕事をつくりだすために、一生けんめいに汗をかいた。

この経験が、特例子会社アイエスエフネットハーモニーがスタートしたとき、おおいに生かされることになった。

２００８年1月、ハーモニーが船出をした。

（とにかく、ＦＤメンバー（障がい者）が、やれる仕事をつくらねばならない。彼らが働いて、そして自立していくことが、渡邉社長がえがいたこの会社のビジョンなんだから）

白砂は、自分の心に気合をいれた。そして、本社の各部門をまわった。

「みなさんにおねがいがあります。だれがやってもできそうな仕事、めんどうだと思っていた仕事、あとまわしにしがちな単純作業を切りだしてください。ハーモニーのＦＤメンバーたちが、その仕事を一生けんめいにやりますから」

ハーモニーの責任者である白砂は、本社の社員たちに呼びかけた。

これに社員たちがこころよく反応してくれた。そしてシュレッダー、コピー取り、パソコンへの単純な入力作業、簡単な資料作成や書類の仕分け、さらに荷づくり、社員の名刺づくりなど、いろいろな仕事が見つかった。

これまで外部に発注していた仕事を、ハーモニーのＦＤメンバーが引きうけることになった。これでみんなが、最初の一歩を踏みだせる。白砂はうれしかった。

(でも、これではいけないんだ。いまは、ささやかな単純作業しかできないけど、FDメンバーはなくてはならないと、本社の人たちからいわれる存在にならなければいけない。

〝おまえたちなんか、いてもいなくても一緒だよ〟そんなふうには、絶対にいわれたくない。よーし、このハーモニーを、みんなが注目する会社にするぞぉ！)

白砂は、そう自分にいい聞かせた。

ハーモニーがスタートして半年がすぎたころ、FDメンバーは15人になった。

白砂は、この社員たちの意識を変えなければいけないと思った。

「このハーモニーは、学校や福祉施設ではないんだ。働いてお金をもらって、きみたちがやりがいを感じるところなんだ」

ＦＤメンバーたちに、白砂は、口がすっぱくなるほどいいつづけた。

その第一歩は、身だしなみをきちんとすること。朝起きて、出かける前にスーツに着がえ、ネクタイをしめる。鏡の前で、身だしなみをととのえる。職場でも、ネクタイが曲がっていないかなど、こまかいことにも注意をはらう。

「マナーを身につけてこそ、みんなは、はじめて社会人としてみとめられるんだよ」

これも白砂が、みんなに徹底したことだった。さらに、重きをおいたのが、きちんとあいさつができること。

「おはようございます」「こんにちは」

「いらっしゃいませ」「行ってらっしゃいませ」

「おつかれさまです」「ありがとうございます」

この6つを、朝礼のときと、午後の仕事がはじまる前の1日2回、全員が声を合わせて練習する。だが、ハーモニーがスタートしたころは、これがなかなかできなかった。7人のメンバーの表情はぎこちなく、あいさつどころか、相手の目を見ることすらできない者もいた。

だが日がたつにつれ、スムーズにあいさつができるようになった。

「うちの子は、これまであいさつなんかしたことなかったのに、自分からすすんでするようになりました」

FDメンバーの家族からこんな報告をうけたとき、白砂は心のなかで〝やったぁ〟と叫んだ。

ところが反対に、白砂の心が折れそうになったこともある。FDメンバーのAくんは、知的障がいと合わせて、自閉症《じへいしょう》の傾向がつよかった。あいさつのときに、相手の顔が見られない。

「Aくん、ほら、顔を上げるんだよ。僕の顔を見てごらん」

毎日のように白砂は、Aくんに注意した。ハーモニーでは、FDメンバーの様子を家族に知ってもらうために「連絡ノート」がある。

《Aくんは、今日もあいさつのとき、顔が上がっていませんでした》

そのノートに白砂は、こう書いた。Aくんのお母さんは、これを読んでおどろいたようだ。ある日、会社に電話がかかってきた。

「白砂さん、あなたは、どうやら勘違いをなさっているんじゃありませんか。自閉症の子ってのは、他人の顔を見られないんです。だから、自閉症なんですよ」

受話器から、お母さんのきんきんした声がつたわってきた。

「お言葉を返すようですが、あいさつができない社会人なんていないんです。ましてや、ここは学校じゃありませんし……、まず、あいさつがスタート地点なんですよ」

「そんなこといって……、あなたは、自閉症の子に、あいさつを強要しているんじゃないですかぁ」

「いや、強要だなんて……、あのぉ、お母さん、自閉症だからなんにもできないと、決めつけるのは、よくないと思うのですが……」

カチンときたのだろう。お母さんは、一方的に電話を切ってしまった。

(よーし、お母さんがびっくりするように、Aくんが、あいさつも仕事もできるようにしてやろう)

白砂は、どうしたらAくんが、あいさつができるようになるかを考えた。いや、あいさつの前に、顔を上げるようにしなければならない。Aくんはいつも下をむいて、目がうろうろして落ちつかない。

「そうだ、シールだ、それも動物のシールだ!」

その日、文房具店に立ち寄った白砂は、ライオンやキリン、ゾウなどの絵柄をあしらったシールを買いもとめた。30歳の男が、かわいい動物のシールを買うのは、なんだか自分でもこそばゆかった。

つぎの日、朝礼のとき、白砂は自分の靴《くつ》のつま先に、大きめのゾウのシールをくっつけた。

「ほら、Aくん、僕のくつを見てごらん」

19歳になったばかりのA君は、動物が大好きだった。すると、焦点がさだまらなかったAくんの目が、白砂の靴のつま先にぴたりと止まった。

（うーん、その調子だ、いいぞ、いいぞ）

つぎに白砂は、ズボンのベルトにライオンのシールを、ぺったんこと貼った。宙を泳いでいたAくんの2つの目は、ライオンのシールのところで静止した。

「よーし、だいぶ顔が上がってきたぞぉ」

こんどは、コアラの模様がデザインされた、ネクタイを買った。翌日、白砂はそのネクタイをしめて、Aくんの前に立った。

「ほーら、かわいいネクタイだろう」

「ああ、コアラだ！」

そっと顔を上げたAくんは、白砂のネクタイを見つめている。いままで見せたことのなかった笑顔を浮かべて……。

この〝動物シール大作戦〟は、根気よくつづけられた。日がたつにつれて、Aくんの顔は、前をむいて上がるようになった。そして、3週間ほどがたった。

「おはようございます」

「ありがとうございます」

相手の顔をちゃんと見て、Aくんは、とびっきり元気な声で、あいさつができるようになった。

（できたじゃないかぁ。できるじゃないか……。自閉症だなんて、レッテルを貼ってしまうのがおかしいんだ。ねぇ、お母さん、そう思いませんか）

白砂は、うれしかった。Aくんを抱きしめたいくらいにうれしかった。

どっこい、生きている

あいさつができるようになったAくんのつぎのステップは、パソコンの入力だった。

「きみならできる。ほーら、かならずできるようになる！」

白砂はパソコンのキーボードに、ウサギやリス、タヌキにアライグマなど、かわいい小動物たちのシールを貼った。白砂は、パソコン教室の先生に変身した。

人間というのは、一つ、できるようになれば、また一つ、つぎのことができるようになるものだ。白砂は、Aくんに根気よく教えた。その成果は、目に見えて上がった。

データの入力の正確さでは、Ａくんは、ハーモニーでは〝ぴかいち〟と呼ばれるまでになったのだ。

パソコンといえば、こんな涙ぐましい努力をしたＦＤメンバーもいた。

ハーモニーに入社するまで、商社マンとして精力的に働いていたＹさん（46歳）は、脳こうそくで右半身がマヒし、Ａ、Ｂ、Ｃ、のアルファベットの文字がわからなくなった。平仮名も片仮名も、漢字も読めるのに、なぜか、アルファベットが読めない。

（うーん、どうしたらいいんだろう）

いろいろ考えたすえに、とにかく覚えてもらうしかない、白砂はそう思った。

さっそく白砂は、中学1年生の英語のテキストを、本屋で買いもとめた。

「いいですか、これはＡ、ほら、これはＢ、これはＰ……」

家庭教師のように白砂はつきっきりで、毎日20分、Ｙさんと勉強をはじめた。

10歳以上も年下の白砂に、一から手ほどきをうけることは、Ｙさんにとって、気分のいいことではなかったはずだ。

でも、Yさんは、決してひくつにはならなかった。毎日、くじけることなく勉強をつづけた。そして少しずつ、キーボードを打てるようになっていった。

〝継続（ひとつのことを、ずっとつづけること）は力なり〟ということわざがある。それを実証したのだ。

（そうだ、毎日の日報を、パソコンで打ってもらうことにしよう）

白砂は、Yさんにそれを守ってもらうことにした。手で書くより、3〜4倍の時間はかかった。以前はスラスラッとできたことが、思うようにできない。自分がどうにも情けなくなり、Yさんは幾度もくやし涙をこぼした。

けれど、「パソコンで日報を書く」という目標を持ち、努力を積むことを忘れなかった。1か月もするとコツを覚え、Yさんは、笑顔を見せて、日報を提出することができるようになった。

〝ハーモニーが学校や福祉施設ではない〟ことを、ＦＤメンバーの家族にも理解してもらってはいた。それでも、トラブルは起きた。

「今日は、ちょっと具合が悪いから休みたい」

本人から電話がかかってくる。親御さんからも「体調が悪そうだから、今日は休ませたい」といってくる。

「ほんとうに具合が悪いのですか？　会社にこられないほど、体調が悪いのですか」

そのたびに白砂は、つよい口ぶりで問いかけざるをえなくなる。

「ずーっと仕事をするのが無理なら、半日でもいい、いや1時間でもいいから出社して、仕事をしてください。半日なら……、1時間ならできるんじゃないですか」

ねばりづよく話しかけた。

「迎えにいけば、会社にこられますか」

自宅まで迎えにいくこともあった。こうして白砂をはじめ、ハーモニーのスタッフが心をひとつにして、ときにはきびしく、ときにはやさしい目線で、FDメンバーとむきあった。

ハーモニーがスタートして、2年あまりがたったころだった。うつ病をかかえながら、それでもどうにか出社していたBくんが、ある日、「もういいかげん、いやになった。死にたい」、そうつぶやくようになったと、白砂は、スタッフからつたえ聞いた。

(ずいぶん、あまったれたことをいってるな。そんなことを考える余裕があるなら、ちゃんと仕事をしろよ)

正直なところ、白砂は「そんなに苦しいのかぁ」と、同情する気持ちにはなれなかった。そんな白砂の胸に、がんとたたかっていたときの、あの病院の日々がよみがえる。

あのとき白砂は、どんなに生きたくても、生きられないかもしれないという状況に追いこまれていた。

（あの病院で、亡くなっていった人を、この目でなん人も見た。だけど、〝死にたい〟なんていう人はいなかった。末期のがんで、死が目前にせまっている人に「働けるようになったら、また働きますか」と問いかけたら、みんな、そのときは顔をほころばせて、「ぜひ、働きたい」と答えるだろう）

それは、白砂が身をもって感じたことだった。だから白砂は、メンバーたちにこうつたえたかった。

「働きたくても、働けないまま、死んでいった人がいる。その人にくらべたら、働ける場が与えられているのは幸せなことなんだ。あまえている場合じゃない。どんな苦しい状態でも、その人なりにがんばれるステージはある。

たしかに、障がい者が働くのはたいへんなことだけど、働けるのであれば、自分のステージを見つけて働いてほしい」と。

「5年以内に再発しなければ、希望を明日へとつなぐことができるかもしれません」

退院する日、白砂は、医師からそういわれた。あれから7年がすぎた。いまでも月1回、病院で診てもらっている。

(明日は目が覚めないのじゃないんかなあ……)

再発するのかもしれない、という不安と恐れは、いつもつきまとっている。だが、白砂は、生かされた。自分が持てる力を、ありったけ障がいのある人たちにそそぐため、白砂は、どっこい、生きている。もしかしたら、奇跡といえるのかもしれない。

いま、白砂をはじめ、ハーモニーのスタッフたちが試み、ひとつ、ひとつ、かたちになった障がい者雇用のありかたは「ハーモニーモデル」と呼ばれるまでになった。

この仕事にかかわるまで、障がい者について、まるで関心のなかった白砂は、いま、そのただなかに身をおいている。いろいろな企業や福祉施設などから、月に5回も「話を聞かせてほしい」と、講演の依頼がくるようになった。

「毎日、ハーモニーの職場は、ちょっとずつ良くなる。それがわかるんですよ。仕事をとおして、人が目の前で変わっていくことを、毎日、見ることができる。そういう職場は、そうは、ないでしょう。もちろん、トラブルもセットになって起こりますけど……。

でも、がんにならなかったら、僕は、障がい者の人たちとめぐりあうことはなかったと思います。だからこそ、FDメンバーたちをもっともっと、かがやくようにしたいんですよ」

それは、白砂祐幸の胸のなかに、いつも、ひとすじの川のように流れている思いだ。

Ⅳ ひとり一秒のプレゼント

見えない力

アイエスエフネットが障がい者の雇用に目をむけたとき、応募してくる人はなかなかいなかった。

このことは前に書いたが、最初は、たった2人からはじまった障がい者の雇用だった。やがて特例子会社のハーモニーがつくられた。このとき、スタッフには、障がい者福祉の専門家はもちろん、そういった知識を身につけている社員は、ひとりもいなかった。

白砂祐幸をはじめスタッフたちは、かべにぶつかりながら、けんめいに会社が生きのこる道をさがしもとめた。

創業して8年めのベンチャー企業は、人もお金も不足しがちだった。社員1

人がいくつもの仕事をこなしながら、みんな、必死に働いていた。そんな状況のなか、障がい者をうけいれるハーモニーがスタートした。本社（アイエスエフネット）の社員たちのあいだに、不安や反発する声がひろがるのは、むしろ当然のなりゆきだった。

「障がい者なんか、雇ってる場合じゃないだろう」

「オレたちの給料は、ちゃんと確保できるのかな」

「会社がつぶれたら、私たちはどうすればいいの」

社員のほとんどが、障がい者について関心などなく冷たかった。

（こまったことだ……。この社内の空気を変えないと、ハーモニーの運営も、うまくいかなくなってしまう）

渡邉社長は、口をとがらせて、渋い顔になった。

そんなある日、渡邉社長は、以前から親交のある人に会った。リコー・ヒューマン・クリエイツの元社長、高橋達紀氏だった。夕食をともにしながら、経済情勢や会社経営のことなど、いろいろ語りあった。

夕食をおえて、お店をでようとしたときだ。

「渡邉さん、すばらしいエッセイを紹介しますよ。ぜひ、読んでみてください」

高橋氏から、1冊の本をすすめられた。さっそく本を取り寄せ、渡邉社長は、ページを開いた。一気に読みおえた渡邉社長は、からだがふるえるような感動を覚えた。

(そうだ、全社員が、ここに書かれているような気持ちをたいせつにして、障がい者雇用にとりくめば、不可能と思ってあきらめていたことも、きっと実現できるかもしれない)

つぎの日の朝礼――。

「みんな、これから……、この本のなかの文章を読んでもらうから、聞いてくれ、これは実際にあった話だ。ちょっと長いけど、それじゃ、はじめてください」

渡邉社長は、社員たちを見まわした。女性社員が、その一文を読みはじめた。

「一人一秒のプレゼント」

奥村久美子

（前略）それは太田先生の前の学校でのお話しです。先生が担当されていたクラスに、脚の悪い男の子がいました。名前は正博で、皆から〝マサ〟と呼ばれていました。

マサは右脚が不自由でした。でも明るい性格で、友達とグラウンドでサッカーをしたり、体育の授業にも参加するがんばり屋でした。

その学校にも運動会が近づいて、学級対抗リレーの練習に熱を入れ始めたころ、その問題は起こりました。

ある日、太田先生が放課後、職員室に残っていると、マサが入ってきました。そして元気のない声でいうのです。

「ぼく、学級対抗リレーには出ません」

「どうしてなの」

太田先生は、マサの顔をのぞきこみました。

「…………」

マサは、おしだまったままうなだれています。

「がんばり屋の君らしくないな。先生は、マサの走りは素晴らしいと思っているのよ。マサが一生懸命走っているのを見るとね、先生も、もっともっとがんばらなきゃって思うんだ」

マサは体を固くして、下を向いています。そして、やっと重い口を開くと、

「ぼくが走ると負けるから。ぼくのせいでクラスが負けるのいやだから」

そういうと、肩を大きく振りながら、職員室を出ていきました。

つぎの日、太田先生は、マサと仲のいい子に、どうしてマサがそんなことをいいだしたのかたずねてみました。すると、クラスの一部の子が「マサがいるかぎり、一等にはなれっこない」と話しているのを、偶然、本人が聞いてしまったというのです。

その日の学級会で、太田先生は、マサがリレーに出ないといっていることと、その理由を皆に話しました。そして、こんなことも付け加えました。

「リレーは、みんなが力を一つに合わせてがんばるところが素晴らしいんだよ。大切な友達を傷つけながら優勝したって、何がうれしい？　どこが素晴らしい？」

マサは机をバン！　とたたくと立ち上がりました。

「先生、もういいんです。ぼくがちゃんと走れないのが悪いんだから」

みんな下を向いて、沈黙が続きました。すると、ある男の子が手を上げました。

「マサ、走れよ。クラスみんなが、一人一秒速く走れば、三十八人で三十八秒速く走れる。そしたら勝てるよ」

その日から、子供たちは毎日遅くまで、それは熱心にバトンタッチや、走る練習を重ねました。マサも練習に参加していたことはいうまでもありません。

そして、いよいよ運動会の日。マサはみんなの声援の中、歯を喰いしばって、最後まで走りました。そして、クラスメートも、マサへのプレゼントの一秒のために、全力を尽くして走り抜きました。

他のクラスは、バトンを落としたり、転倒する子もあって、マサのクラスは本当に一等賞になったのです。

太田先生は、みんなと〝バンザーイ〟とさけびながら、涙のむこうの子供らの笑顔がまぶしくて仕方がありませんでした。（後略）

（『ありがとうを伝えたい　第2集』芸術生活社より）

朗読はおわった。朝礼の部屋は、しばらくしーんとなった。立つくした男子社員たちは、宙を見つめて、なにかを考えているふうだ。女子社員のなかには、目がしらを押さえている者もいる。くちびるをきっとむすんで、鼻をすすりあげている男子社員もいる。

「一人一秒のプレゼント」は、社員たち、それぞれの胸を、トントンとノックしたようだった。

（どんな変化が起きるだろう。いや、なにも起こらないかもしれない……）

朝礼で社員たちが、あの詩になにかを感じたであろうとは思ったが、渡邉社長は、それほど期待はしなかった。それから10日ほどがたった昼すぎのことだった。

「社長、ハーモニーのメンバーたちの顔が、とっても生き生きするようになりました。どうしたのだろうかと思って聞いてみると、本社の社員たちが、うちのメンバーたちに声をかけてくれ、手伝ってくれるっていうんですよ」

ハーモニーの責任者、白砂祐幸が小走りでやってきて、こうふんしながらいった。

「へぇーっ、そうかぁ……、そんなふうになったかぁ」

渡邉社長のほおがひとりでにゆるんで、白砂も、ほっとした顔になった。

ハーモニーが東京・中野区に会社を移転するまで、ＦＤメンバーたちは、親会社のアイエスエフネットで作業をしていた。そんなＦＤメンバーを、社員たちはどこか距離をおきながら接していた。

ところが、日がたつにつれて、社員とＦＤメンバーのあいだで、笑顔のやりとりが増えるようになった。ＦＤメンバーが、コピー機の前で困っていたら、通りかかった社員が声をかけて手伝う。車椅子《いす》で移動しているＦＤメンバーを見かけたら、車椅子を押す。

社員みんなが気負うことなく、ごく自然にそうした行動をとるようになっていった。

ハーモニーが親会社からはなれても、毎日、数人のＦＤメンバーがやってきて、親会社の仕事を手伝う。

「おはようございまーす」

「こんにちは！」

元気いっぱいの声で、ＦＤメンバーがやってくる。社内の雰囲気が日を数えるごとに、そよ風が吹くように、さわやかになっていった。そして障がいのある社員も、健常な社員も、積極的に仕事に打ちこむようになった。両者を分けへだてていた垣根が、みごとに取りはらわれたのだ。

（人は、だれかからいわれなくても、相手の強みや弱みを理解して、自然に助けあうものなのだ）

渡邉社長は、そのことをあらためて思い知った。

〝一人一秒のプレゼント〟——、そこにこめられた思いは、社員たちを、目には見えない力でゆさぶったのだ。

会社は家族だ

特例子会社、「アイエスエフネットハーモニー」が設立されて、およそ8か月がたった2008年9月、世界をゆるがすできごとが起きた。〝リーマンショック（Lehman Shock）である。

リーマン・ブラザーズといえば、150年以上の歴史を持つ、アメリカ大手の名門投資銀行だった。ところが急激に経営が悪化し、ついに破綻《はたん》。つまり、つぶれてしまった。

このリーマン・ブラザースの破綻は、ほかの銀行にも甚大な影響を与え、これによって、世界中が金融危機におちいることになったのだ。

このリーマンショック以降、世界中でリストラの嵐が吹き荒れた。リストラというのは、企業が採算の合わない部門を整理すること。とくに人員整理のことをいう。

日本の企業でも正社員や派遣社員が切られ、失業者がどんどん増えて、社会問題となった。また障がい者や、うつ病などで会社を休んでいた人なども、大量にやめさせられた。

「大企業の社員でさえ、リストラされるんだから、うちの会社でも、首切りがはじまるんだろうか」

アイエスエフネットや、ハーモニーの社員たちは、不安をつのらせるようになった。

（社員たちに心ぼそい思いをさせ、よけいな心配をさせるために、この会社を

つくったのではない）

渡邉社長は、すぐに社員たちをあつめ、きっぱりとこう宣言した。

「わが社は、どんなに苦しくても、絶対に社員を切ったりはしない。だから、安心してください。それでも……、というなら、社員をクビにする前に、私がやめます」

ＦＤメンバーに対してだけでなく、アイエスエフネットの全社員にむかって、こういいきったのだ。この宣言で、社員たちのあいだに高まっていた不安の声も低くなった。逆に社員の心が一つになったのだ。

本社では年に1回、課長以上の社員への面談がある。社長みずから管理職と会って、いろいろな意見を聞いたり、また、こちらの考えをつたえる。たがいにコミュニケーションをはかる機会だ。

「いま、リーマンショックでリストラの嵐が吹き荒れているが、どう思うかね」

面談のおわりで、渡邉社長は、一人ひとりにこの質問を投げかけた。

「社員とＦＤメンバーの雇用をつくるために、僕たちが先頭に立ってがんばります」

「どんなに苦しくなっても、ＦＤメンバーを切るのだけは、やめてください。われわれが努力して道を見つけます」

いいかたはちがったが、みんながおなじようなことをいった。渡邉社長は、管理職たちの気持ちがうれしかった。だが、心のすみっこでは、最悪の場合も考えていた。

（万が一……。崖《がけ》っぷちに立たされるようなことになったら、どうすればいいのか）

後日、管理職が１４０人ほど集まって、本社で会議がひらかれた。その席で、みんながどう答えるか、渡邉社長はためしてみようと思った。会議のおわり近く、会場を見まわしてから、こう問いかけた。

「これはあくまで仮定の話だが、もしも会社が最悪の状態になったとしたら、その解決策として、２つの道があるとする。

ひとつは、ＦＤメンバーを切る。もうひとつは、社員の給料を減らす。この２つのうちどちらかを取るとしたら、どっちをえらぶだろうか」

会場は、ざわざわっとさざ波が走ったようになった。となりの人と顔を見あわせ、ぶつぶつ話している者、目をつむって考えている者、てんでに思いをめぐらせている。すると、ひとりの管理職の社員が立ち上がった。

「ＦＤメンバーを切るなんて、もってのほかです。自分たちの給料を減らしてください」

会場がまた、ざわざわっとなった。

「自分たちの給料をカットしてください」

「私も、それがいちばんいい方法だと思います」

つぎつぎとそんな答えがだされた。やがて、拍手がわきおこった。

（みんな……、そこまでFDメンバーのことを、思いやってくれているのかぁ）

つぎの日、渡邉社長は、少し冷静になって、きのうのことを思いだしてみた。

（あれは管理職だから、ああいうことになったのかもしれない。だったら、一般社員はどんな答えをだすのだろう）

そこで、社員全員にアンケートをとってみようと思いたった。3週間もしないうちに、全員の回答があつまった。

「そのときは、私の給料を減らしてください」

全員が署名《しょめい》つきで、そう答えてくれた。

（なんだか、できすぎのような気がするなぁ。でも、みんなが、私のことを、わかってくれたと、信じることにしよう。いや、私の心が、社員たちの心とかさなったんだ。こんな夢みたいなことがあるのだろうか）

うれしいというよりも、渡邉社長は、ふしぎな気がした。そして、たった4人で会社をおこしたころを思いだした。

（たった4人が、とうに1000人を超えるようになった。このなかには、障がいをかかえる人たちがいる。その人たちを思いやる社員たちがいる。そうなんだ。この社員たちの心があるかぎり、そんじょそこらで会社はつぶれやしない）

いつだって渡邉社長は、心のなかにある物差しを、プラスにむける。

そんな渡邉社長は、いつからか、〝会社というのは、家族なのだ〟と思うようになった。彼は自分の著書のなかで、こう書いている。

《私は、会社は家族だと思っています。たとえば、こう考えてみてください。7人の子どもがいる一家がありました。そのなかのひとりには障がいがありました。

お父さん、お母さんがかける愛情は、7人ともおなじです。しかし、障がいのある子にかける手間は、ほかの子より多くなります。

親がそのひとりの子に手をかけるのを見て、ほかの子はどう思うのでしょうか。

「あの子だけずるい」と思うでしょうか。

「お母さんがたいへんだから、私が手伝ってあげるわ」と思うでしょうか。

もちろん、後者の家族が理想ですし、そして、その子を中心に家族が一致団結する場面がきっとあるはずです。会社でもそれが理想です。そして現実にいま、わが社はそういう家族になりつつあります》（渡邉幸義著『社員みんながやさしくなった』より）

そんな渡邉社長は、よく社員を叱《しか》る。ときには、眉間《みけん》（眉《まゆ》と眉とのあいだ）に青すじをたて、顔を赤くして大声で叱る。

「いやぁ、ふだんのおまえとは〝別人28号〟だよ。へぇーっ、おまえも、こんな具合になるんかぁ」

会社をたずねてきた友人が、別人だとおどろくほど、鬼のような顔になる。渡邉社長が社員を叱るのは、みんな家族だ、という思いがあるからだ。家族だから、彼らが成長してほしい。幸せになってほしい。そんな思いで胸がいっぱいになる。だから、大声で叱りながらはげましているのだ。カツをいれているのだ。

（会社というのは、たんに働く場所じゃない。そこで働くすべての人が、生きがいや、やりがいをはぐくむ場所なんだ。だから社長の私も、社員も、そしてFDメンバーも、みんな家族なんだ）

毎朝、会社にやってくるたび、渡邉社長は、そう自分にかたりかけることを忘れない。

V こころの鏡

おい、グラサン

（ハンディがあっても、なくても、希望が持てて、生き生きと働ける会社の仕組みをつくりたい）

会社をおこしてから渡邉社長は、ひたすらそれをめざしてきた。

社会に目をむければ、働く意欲があるのに、働けない人がたくさんいる。高校や大学を卒業しても、働く場所が見つからないまま、ニートやフリーターになってしまう若者たちがいる。

うつ病などの精神障がいで職場を追われ、会社をやめる人の数も増えている。日本というのは、いちど正社員という立場をはなれてしまうと、ふたたび就職することがむずかしい社会なのだ。

（社会の無関心で、雇ってもらえない人が、ちゃんと働ける社会にしたい）

２００６年、アイエスエフネットグループは「五大採用」、つまりニート・フリーター、ワーキングプア、障がい者、シニア、引きこもりを雇い入れることを決めた。その後、この方針は「十大雇用」となり、いまでは「二十大雇用」へとひろがるようになった。（この「二十大雇用」については、あとの章でふれることにします）

まず「五大採用」を実現するために、渡邉社長は支援団体の協力をえて、ＮＰＯ法人ＦＤＡ（Ｆｕｔｕｒｅ Ｄｒｅａｍ Ａｃｈｉｅｖｅｍｅｎｔ）をつくった。２０１０年2月半ばのことだ。

わかりやすくいうと、ＦＤＡは、引きこもりやニート・フリーター、うつ病などの人たちが、就労（仕事につくこと）できるように、トレーニングを行なう学校だ。毎日、ここに通って体や気持ちをならし、いろいろなトレーニングを積んで、社会復帰につなげてゆこうという学校だ。

このＦＤＡの事務局長をつとめるのが、これから紹介する成澤俊輔《なりさわしゅんすけ》、28歳だ。ＦＤＡには7人のスタッフがいる。このなかには、かつてニートや引きこもりだったり、重いうつ病に苦しんだ人もいる。だからこそ、その経験を生かして、ここに通ってくる人たちの役に立ちたいとがんばっている。

そして、このスタッフたちをまとめる成澤俊輔は、さしずめ、ＦＤＡの校長ということになる。でも、28歳の若さで校長先生ってのはまわりを見まわしてもめずらしいよね。

風は、もう夏のにおいをはこんで、四角いビルの窓から、さんさんと日は降りそそいでいる。

その日、朝いちばんで成澤は、ＦＤＡに入りたいというメンバーの面接にのぞんだ。

やってきたのは、成澤より、３つ年下の25歳の青年だ。大学での就職活動を、途中で止めてしまった彼は、就職先がないまま、自宅で引きこもりになってしまった。

「おはようございます。さあ、はじめましょうか」

にこやかな笑顔を浮かべて、成澤はテーブルをはさんで青年とむきあった。

「こちらで……、トレーニングを受けたいということは、気持ちが前向きになったということですか」

成澤は、そう問いかけた。が、青年は、緊張のせいか、押しだまったままだ。

「すみません。だまっていられると、困るんですよ。ぼくは目が見えませんから、声をだしてもらわないと、前に人が座っているのかどうかもわかりません」

「えっ、……!?」

成澤のいったことが、青年には信じられない。青年は、ぽかーんとした表情になって、成澤を見つめた。

「そんなわけで、目が見えませんから、履歴書も読めません。申しわけありませんが、声をだしてご自身のことを話してください」

そういわれて、引きこもりだった青年は、はじめて成澤が視覚障がい者であることを知った。おどろきの色をかくせないまま、青年は、ぽつり、ぽつりと、引きこもりになるまでの自分について話しはじめた。

あいづちを打ちながら成澤は、相手の顔に目をそそいで、話に耳をかたむけている。その視線があまりにも自然なので、もしかしたら、目が見えているのではないかと、思わずうたがってしまいたくなるくらいなのだ。

成澤俊輔は、視野がどんどん狭くなる、むずかしい病気を背負って生まれた。

視野というのは、パッとひと目で見える範囲のこと。彼の視野は、小学校時代には、サッカーボールほどの範囲が見えた。ところが、中学、高校時代になると視野はどんどん狭くなり、ソフトボールくらいになった。

そしていまは、ほとんど視力がなくなり、わずかに５００円玉くらいの大きさの範囲が、うすぼんやりとした光をともなっているようにしか見えない。

だが彼は、自らが障がい者でありながら、ハンディをかかえる人たちに、明日への光をもたらすために働いている。面接にきた青年は、少し考えたあとでこういった。

「いままで引きこもりだといって、うしろむきだったぼくが、あなたを見て、恥《は》ずかしくなった。あのう、こ、こんなぼくでも、働けるようになれるでしょうか」

「だいじょうぶだよ、だいじょうぶ。目の見えないぼくが、こうやって働いているんだから」

立ち上がった成澤は、見えない目を青年にむけ、握手をもとめた。

成澤俊輔は、九州の佐賀市に生まれた。

髪の毛のふさふさした男の子で、よちよち歩きのころから、公園の砂場であそぶのが大好きだった。だが、その様子がヘンになった。

目が見えなくても人の役に立てることを実践する成澤俊輔さん

（どうしてこの子は、あっちこっちにぶつかるんだろう）

お母さんが、そう思うようになったのは、俊輔が3歳になった夏のことだった。

「足がへんなんだろうかぁ。いや、お尻が大きいから、バランスがとれなくなって、それでぶつかんるんだわ、そうなんだわ」

お母さんは、不安をうちけそうと、そういって、自分のこころをなだめた。だが、日がたつにつれて、あっちこっちにぶつかる回数が多くなった。お母さんの不安は、だんだん大きくなった。

「もしかしたら、俊くんの目は……、ふつうとはちがうのかもしれない」

お父さんは、大学病院の皮ふ科の医師だった。医療にたずさわっているお父さんは直感的にそう思ったのだ。

「えっ、この子の目が……!?」

お母さんは、にわかに信じられなかった。しかし、眼科の専門医に診《み》てもらった結果、前にもふれたように、視野がどんどん狭くなる、むずかしい病気であることがわかった。

季節はいくつもめぐって、俊輔は、小学1年生の春をむかえた。だが、〝ピッカピッカの1年生〟というわけにはいかない。俊輔の見える範囲は、だんだん狭くなっていく。教室にむかう足どりも、たどたどしかった。

その日、2時間めがおわった。トイレに行こうして、俊輔は、教室から廊下へ歩きだした。しばらくすると、おもいっきりだれかとぶつかった。俊輔はよろけて、ドーンとかべにぶつかった。

「おい、おまえ、どこに目ぇつけてんだよ。ハハハハ、こいつ、ほれ、見てみぃ、ゾウみたいな、ちいっこい目ぇしとる」

ぶつかった相手がわるかった。クラスはちがうが、3人のいじめっこグループの生徒が、ケラケラと笑った。俊輔は口をとがらせてみたが、立ちむかうことはできなかった。

（ぼくは、みんなとちがうんだ。だんだん、この目は見えなくなっていくんだ）
俊輔は、ひとりぼっちになって、とりのこされたような気がした。

日ざしがまばゆい季節になった。紫外線から目を保護するため、俊輔は外にでるとき、サングラスをかけねばならなくなった。

運動会が近づいてきた。その練習のとき、俊輔は、とてもゆううつになった。まっ白な体育着に、小学生が、まるで、タモリみたいな黒い眼鏡《めがね》をかけている。目立たないはずがない。

「おい、おまえ、なんでサングラスなんか、かけているんだよ」

「こいつぅ、タモリのまねしやがってぇ」

たちまち、5、6年生の上級生たちにかこまれた。

「グラサンかけてよぉ、こいつ、かっこつけやがってる。おい、なんとかいえよ」

「おい、グラサン、グラサン、ふざけたまねすんじゃないよ」

上級生のひとりが、いまいましそうな顔で、俊輔の右足にけりをいれた。もうひとりに胸をどつかれた。

「な、なにすんだよ」

歯を食いしばりながら、俊輔は、足を踏んばるしかなかった。

みんなとちがうことで、いじめの対象は俊輔にむかった。筆箱やノートをかくされた。下駄箱のくつをかくされて、くやし涙を流しながら、裸足《はだし》で歩いて家に帰ったこともあった。

いじめもつらかったが、もっとつらくて悲しかったのは、友だちがいないことだった。マンガも読めない、ゲームもできないから、友だちの会話についていけない。2年生になっても、3年生になっても、俊輔は、友だちができない。めっきり口数が少なくなった。

3年2組の窓から見える校庭では、みんながワイワイと歓声をあげて飛びまわっている。昼休みの教室には、俊輔のほかにだれもいない。

（ひとりでもいいから、ぼくの気持ちをわかってくれるやつが、いてほしい……）

窓の外をながめる俊輔は、むしょうに悲しくなった。

はじめての挫折《ざせつ》

視力が少しずつ失われ、見える範囲もだんだん狭くなってくる。だが俊輔は、盲《もう》学校ではなく、中学も普通校に通った。

中学1年の夏休み近く。俊輔は、主治医の先生から、自分の病名をきちんと知らされた。

その病名は「網膜色素変性症《もうまくしきそへんせいしょう》」というむずかしい病気だった。ごくわかりやすくいうと、私たちは、網膜で光を感じて、ものが見える。だが、この病気になると、網膜にある光を受けいれる細胞が、だんだんこわれていく。そのため、うす暗いところではものが見えにくくなるのだ。

幼少期（子どものころ）に最初の症状があらわれることが多く、長い期間をへて、周囲が少しずつ見えなくなっていき、病気が後期段階になると、やがて、失明にいたることもまれではないといわれる。

「先生、ぼくはいずれ、完全に目が見えなくなるんですね」

「現在の医療では、これという治療法が見つかっていない。つらいことをいうけど、おそらく、40歳ごろには……、そうなるかもしれない」

「そうなんだ……。でも、はっきりいってもらって、そのほうが、ぼくは、気持ちがすっきりしました」

「俊輔くん、つらいだろうけど、決していじけるんじゃないぞ。心のなかに、明かりをともして、生きていってほしい。先生と……、約束してくれないかな」

「はい、わかりました」

13歳の成澤俊輔は、心のネジを巻きなおして、この病気とつきあっていこうと決めた。

けれど、いざ学校生活にもどると、やっぱり、こころは、へし折れそうになった。

まだ少しは視野が広かったとき、俊輔は大好きなサッカーができた。だが、中学生になって見える範囲は、ソフトボールぐらいになった。部活でサッカー部に入りたかったが、あきらめるしかなかった。

放課後のグラウンド――、日焼けしたみんなは、思いっきりサッカーボールを蹴っている。ボールが孤《こ》をえがいて、かけ声が青空にがんがんひびく。

(ぼくには、もう、関係のない世界なんだ)

中学3年になった俊輔は、ひたすら勉強するようになった。

クラスのだれよりも、猛れつに勉強した。いや、〝がり勉〟というのが当たっていた。学校から帰ると、自分の部屋にとじこもって、机にかじりついた。
(ぼくは、勉強するしかないんだ。自分で自分を肯定するには、これしかないんだ。だんだん見えなくなるぼくは、勉強しなきゃ、この先、生きていけないかもしれない)

それは、俊輔の意地のようなものだった。勉強の成果は上がり、高校は、佐賀県でも有数の進学校にすすむことができた。この高校でも、俊輔は、ただがむしゃらに勉強した。そして、将来の自分の目標をしぼった。
(ぼくは、視力を失う人の気持ちがわかる。ぼくだから、その人の気持ちに寄りそうことができる。だから医学部に進学して、眼科医になりたい)

目標を決めた彼は、死にものぐるいで受験勉強にうちこんだ。

だが、将来への夢の扉は、そうたやすく開かなかった。視覚障がい者の願書を、受けいれてくれる大学の医学部はなかった。

「この状態で医者になるのは、とてもむずかしいことですよ」

あちこちの大学にかけあってみたが、どこも冷たい返事だった。仕方がなかった。気持ちを切りかえた俊輔は、埼玉県にある大学の福祉学科に進む道を選んだ。

生まれてはじめて、故郷をはなれ、埼玉県のアパートでひとり暮らしをはじめた。医学部進学の夢をたたれた悔《くや》しさはあったが、俊輔は、気持ちを前むきにした。しかし、2年ほどがたったころ、俊輔は、授業にでても、まるで身がはいらなくなった。

しかめっつらしい顔をした教授が、専門用語をこれでもかと並べて、〝障がい者の現実と課題〟について講義をする。

（この人は、いったい、なにをいおうとしているのだろう。障がい者の現実なんて、そんなうわっつらのものじゃないよ。ぼくがこの20年間、どんな気持ちで障がいという現実とむきあってきたか……、どれほどくやしい思いをしながら、悩んできたか……、この教授は、なんにもわかっちゃいない。きれいごとの理論をいくら話したって、あんたのいうことは、空《から》まわりしているだけじゃないか)

俊輔の胸のなかは、そんないらだちで、いっぱいになった。怒りというよりも、それは失望に近いものだった。そのうち、学校の授業をサボるようになった。中学、高校時代にあれほど勉強した彼は、こころの支えをなくしてしまった。

「俊輔、おまえは、大学をなめてるよ。いいかげんにしろ!」

父の声が、遠くから聞こえるような気がした。

(これじゃまずい。明日から行こう)

気持ちをふるいたたせてみるが、どうにも足がむかない。そうするうちにも、視野はどんどん狭くなる。その恐怖と将来への不安が、やがて彼をがんじがらめにした。

気がつくと、俊輔は不登校になっていた。ひとり、アパートで悶々《もんもん》としながら、弱い自分に涙するしかなかった。

2年間の不登校——、親にはウソをついた。なんども、退学を考えた。成澤俊輔にとって、はじめての挫折《ざせつ》だった。

世界一明るい視覚《しかく》障がい者

空は、どこまでも、まっ青に晴れわたっている。白いなだらかな坂道が、その青空にすいこまれるようにつづき、坂道の両側にうえられた何百本ものひまわりが、まぶしい夏の日ざしをあびている。

俊輔は、坂道をけんめいにかけのぼる。白いランニングシャツにトレパン。両足の筋肉に力をこめ、一歩一歩、地面をけった。

（ぼ、ぼくは、目が見える、見えるんだ！）

風が俊輔のからだを、ここちよくなでてゆく。目を見ひらいた俊輔は、足の先に全身の力をあつめた。ひたいから、汗がとびちった。

（見える、見える。病気がどっかへ吹っとんでいったんだ）

ぐっぐっと、ピッチをあげた。

（ああ、見える、見える、目が見える）

俊輔は、ふとももをぷるんとふるわせ、なおもダッシュした。と、そのとき、背中につうんと、つきさすようないたみが走った。

（ど、どうしたんだ!?　もうすぐ、この坂をのぼりきれば、海が見えるのに……）

はげしい吐《は》き気がおそい、目の前が暗くなった。

（あっ、ひ、ひまわりが……）

真夏の太陽はかげり、ひまわりたちが、くだけちった。

（夢だったのか……）

だんだん視界がおぼろげになるのに、夢を見る。ふしぎなことだった。でも、その夢からさめれば、俊輔は、うす暗い闇のなかで、また、ひとりだ。そんな夢になんどもうなされて、自分を見失いかけた。

大学に行かなくなって、もう、2年がすぎた。そんなある日のことだった。郷里の佐賀から、小包みがとどいた。包みをあけると、ふかふかしたセーターとパジャマが顔をだした。両親からのおくりものだった。

（親父《おやじ》、おふくろさん、ウソをついて……、いや、心配をかけて、ほんと、ほんと、ごめんなさい）

セーターを抱きしめた俊輔は、こころのそこから両親にわびた。そして、10日ほどがたったころ、彼は泥沼《どろぬま》からはいだそうとした。

（もう、最後のチャンスだ。やっぱり大学にもどるしかない。許されるなら、もういちど、自分を見つめなおしてみよう。ぼくは……、障がい者だといって、思いあがって、世間にそっぽをむいていただけなんだ)

俊輔は、苦しみのがけっぷちで、どうにか自分を踏みとどまらせた。そして、ふたたび大学へもどることがかなった。

(そうだ、ぼくは医者になれなかったけど、ソーシャルワーカーという道がある。病気で苦しんでいる人たちの相談相手になろう)

そう、自分にいい聞かせた。こころに、また、張りあいが生まれた。だが、病気は、〝待った〟をしてくれなかった。ふくらみかけた夢が、風船がはじけるように吹っとんだのは、俊輔が、24歳の誕生日をむかえたころだった。右目の視力がまるでなくなった。左目は、うすぼんやりとかすんで見えるだけだ。もののかたちをとらえることができない。

それまでは、ピンポン玉くらいの範囲を、どうにか見ることができた。しかし、500円玉くらいの範囲がやっとになった。そのうちに、文字が読めなくなった。

ここで、視覚障がい者の人たちに、少し思いを寄せてほしい。

まず、両方の目をしっかり閉じて、部屋のなかを歩いてみてください。たいていは、10歩ほど歩くと、なにかにぶつかるのではないかと、不安になって目をあけてしまうよね。

これを、外にでてやってみてください。歩道のすぐそばを、車がひっきりなしに通る。目をつぶって歩いてみてください。たぶん、3メートルもすすまないうちに、からだはすくんで、それ以上、歩くのが怖くなるはずだ。

でも、視覚障がいの人は、それを日常として受けいれなければ、生きてゆけないのだ。

アパートの前の樹木のこずえで、スズメがしきりにないている。

目覚めた俊輔は、洗面所にやってきた。おそるおそる鏡にむかった。500

円玉くらいの範囲がほんのかすかに見える。だが、どんなに目を見開いても、自分の顔は見えない。

（とうとう……見えなくなってしまった……）

見えない鏡が、なんだか魔もののように思えてきた。

（なんで見えないいんだ……。自分の顔は、どこへいってしまったんだ。顔のないぼくなんて……。ぼ、ぼくは、この世にいるのだろうかぁ……）

俊輔は、パンパンと鏡をたたいた。鏡は答えてくれるはずもない。洗面所の床にうずくまった俊輔は、声をあげて泣いた。自分が自分でなくなるような不安と恐怖が、すっぽりとからだを包みこむ。床を両手でたたきながら、しゃくりあげて泣いた。


自分で自分を確認できないもどかしさに苦しみながら、24歳の俊輔は、とにかく大学を卒業しなければならないと思った。

銀杏《いちょう》の葉っぱが、色づきはじめたころだ。その日、俊輔は、大学の先生からこうすすめられた。

「きみは将来、ソーシャルワーカーになりたいといったね。この人に会ってみるといいよ。なにか、ヒントが見つかるかもしれない」

紹介されたのは、ソーシャルワーカーの後藤桃子さん。60歳近い後藤さんは、全盲《ぜんもう》だった。カルテが読めない彼女は、テープ起こしをしてもらうなどのサポートを受けながら、患者たちの相談をうけていた。

（いやぁ、まったく目が見えない人が、ソーシャルワーカーとしてちゃんと働いているんだ）

後藤さんに会ったとき、俊輔は、少なからずカルチャーショックを受けた。

「ぼくも目に障がいがあるのですが、ソーシャルワーカーはできるでしょうか」

「ええ、相談にくる人は、私が全盲だと知ると、なんだか安心するみたいよ。

ほかの人には相談できないことも、私には相談できるんですって。ねぇ、不思議でしょ」

後藤さんは、屈たくのない笑顔をつくった。

「へぇーっ、でも、どうして、全盲だと安心できるのですか」

「ほかの人にはわからないこころの痛みが、私には、わかってもらえると感じるらしいの。やっぱり、この仕事は、相手とこころが通じあわなきゃ、うまくいかないのじゃないかなぁ」

その日の帰り道――、俊輔の胸のなかは、ぽかぽかとあたたかくなった。

(そうだ、いずれ目が見えなくなってしまうと、ぼくは後ろむきになって、現実から逃げようとしてたんだ。でも、自分にもできることがあるのかもしれない。このぼくだから、だれかのこころの支えになれることが、あるのかもしれない)

立ち止まった俊輔は、うすぼんやりとした視界に、見えるはずのない〝虹〟を見たような気がした。その日から俊輔は、しめっぽい自分に訣別《けつべつ》（きっぱりと別れること）しようと誓《ちか》った。

（たいせつなのは、ありのままを肯定できる自分なんだ。そのためには、だれよりもかがやいている顔……。こころからの笑顔を見せられる自分になろう。もう、涙なんかとは、これっきりおさらばだ。

そうだ、ぼくは……、ぼくは〝世界一明るい視覚障がい者〟になるんだ）

秋晴れの空から、ジェット機の爆音がひびいてくる。その音が、俊輔の五臓六腑（からだとこころのなかすべて）にしみ込んでゆく。俊輔は、見えない目で空をあおいだ。

「おーい、ジェット機よ、どこまで行くんだぁ。オレは……、オレは、世界一明るい視覚障がい者になるんだ！」

大きな声で叫んだ俊輔は、ポンと胸をひとつたたいて歩きだした。

ケ・セラ・セラ

俊輔がアイエスエフネットに入社したのは、ひょんなきっかけからだった。ふつうの人より、３年も余計に大学に通った俊輔は、卒業の日を間近にひかえていた。そんなとき、東京で「ユニバーサルベンチャーコンテスト」が開かれた。それは、大学生たちが障がい者のビジネスプランを提案するコンテストだった。

この催しを、渡邉幸義《わたなべゆきよし》社長が見にきていた。おおぜいの大学生が集まっていた。そのなかに、ほかのだれよりも声がでかく、顔を笑顔でいっぱいにしている若者がいた。それが、成澤俊輔《なりさわしゅんすけ》だった。

「ずいぶん大きな声だなぁ。それに元気がいい。見ていて気持ちがいいよ」

渡邉社長は、初対面の若者に声をかけた。

「ありがとうございます。ぼくは、ほとんど目が見えませんが、〝世界一明るい視覚障がい者〟だと、自分勝手にそう決めています」

「へぇーっ、世界一明るい……!? それはまた……、面白いことをいうねぇ。そうだ、もし時間があったら、うちの会社をいちど、たずねてみてほしい」

渡邉社長は、ポケットから名刺をだして、俊輔にわたした。

障がい者雇用に取りくんでいる渡邉社長は、これまで多くの障がい者と出会ってきた。だが、成澤俊輔ほど、快活でおもしろい障がい者と出会ったことがなかった。

(プラスのパワーで、人をひきつける魅力《みりょく》がある。それに、頭の回転もよさそうだ。一緒に仕事がしてみたい)

渡邉社長は、そう思ったのだ。自ら障がい者である彼だからこそ、障がい者雇用を、ぐいぐい引っぱってくれる立役者《たてやくしゃ》になる。渡邉社長は、そう確信したのだ。

その渡邉社長の目に、くるいはなかった。

成澤俊輔はこうして、アイエスエフネットにむかえられた。そして、入社して1年ほどがたった2011年12月、前に述べたように、FDAの事務局長を任せられることになった。〝世界一明るい障がい者〟という旗《はた》をかかげた成澤は、水を得た魚《うお》のように働きはじめた。


前にもふれたように、FDAは、さまざまな理由で仕事ができなくなった人たちを、社会に復帰させるためのトレーニングの場だ。いや、学校といったほうが、わかりやすいのかもしれない。

成澤はスタッフたちと、この、「就労トレーニング」が、どうしたら、ほんとうに役立つものになるか、真剣に考えた。そして「就労トレーニング」を、3つのステップ（段階）にわけた。あせらず無理をせず、徐々に働くことができるようにするためだ。

まず第一のステップは、毎日、2~3時間の勤務。とにかくメンバーたちが、休まずに会社にくることが重要だ。だから、互いにコミュニケーションをとるため、あいさつの練習、そして昼食は、みんなで一緒にとる。

第2のステップは、4~6時間の勤務ができるようにする。ここでもあせりは禁物。仕事が早いか、遅いはあとまわしにして、無理なく、就労になじめるようにトレーニングを積んでいく。

そして第3のステップは、7~8時間の勤務に慣れる。訓練の最終段階だ。社会人として必要なノウハウを、実践的にトレーニングする。

つまり、社会復帰へのいちばんの近道は、「少しずつ自信を持たせながらのステップアップ」なのだ。引きこもり、ニート、あるいはうつ病など、働けなくなった理由はさまざまなので、人によって個人差はあるが、おおむね3~6か月くらいで、トレーニングは終了する。そして、晴れて雇用へとつながる道はひらけるのだ。

そんなトレーニングを、校長である成澤は、あたたかいまなざしで見守っている。

「小さいころから、視覚障がい者のぼくは、あきらめなければならないことばかりだった。でも、人生はあきらめちゃいけない。たとえ、どんなに苦しい逆境のなかにあっても、人生をあきらめないでほしい」

ＦＤＡを巣だっていく人たちに、成澤は、祈りにも似た気持ちをこめながら、きょうも、そう呼びかける。


テレビが見えない成澤は、ときどきラジオを聴く。新聞の文字が読めないから、世の中の情報をキャッチするには、ラジオがもってこいだ。その夜、くたくたに疲れて帰った成澤は、風呂からあがると、ラジオのスイッチを入れた。

「マクド難民《なんみん》って、みなさん、ご存知ですか。いま、この難民がどんどん増えているのです」

そんなアナウンサーの声が流れてきた。

「マクド難民……⁉　アフリカのどこかの難民の話だろうか……」

成澤はラジオに耳をかたむけた。ところが、大ちがいだった。それは、いまの日本で現実に起きている話だった。午前０時になると、30～40代の男性たちが、くたびれた手さげ袋をかかえて店に入ってくる。

そして、１００円のハンバーガーを食べて、夜明けを待つのだという。正社員になれず、仕事を切られた人たちが、住むところもなく、街をうろついたあと、ここで夜を明かす。いつしか、大阪では「マクド（マクドナルド）難民」と呼ばれるようになっているのだと、その番組はつたえていた。

〈マクド難民……、そんな人たちがいるのか。だけど、このオレも、数年前は難民だった。いや、難民どころか、明日のことも考えないで、ただ自暴自棄になって〈やけくそになって〉、ふてくされていた……〉

成澤には、鏡にうつっているはずの自分の顔が見えないと、地団駄《じたんだ》を踏んだころが、いまは、なつかしくさえ思える。

自分の目で自分をたしかめることのできない彼に、「あなたは、ほら、ここにいるんですよ」と教えてくれたのは、渡邉社長であり、いっしょに働くスタッフでありFDAに通ってくるメンバーたちだった。

（自分とかかわってくれる、たくさんの相手がいる。ぼくは、この人たちのおかげで、自分が生きているってことを確かめられる。ぼくがぼくであることを、みんなが教えてくれる。

目が見えるか、見えないか、いまのぼくには、どうでもいいんだ。ぼくの目の前にいる人に、少しでも役立つこと……。それが、ぼくがいま、生かされているということなんだ）

鏡のなかの自分の顔が見えない彼は、他人とこころを通わせるなかで、彼だけに見える「こころの鏡」を手にいれたのだ。

だが、現実には、成澤の視野は、歳月とともに閉ざされてゆく運命にある。

「40歳前後で、きみの光の世界は失われるかもしれない」

医師からそう告げられた。そのことに思いをはせると、やはり怖い。でも、いまの彼は、それを踏みこたえることができる。

「あと、10年ちょっとしたら……って思うと、そりゃあ、考えちゃいますよ。でも、くさらずに明るく生きていれば、神様がいてね、〝うん、あと5年ほど、よけいに光を見させてやろうか〟って考えなおしてくれる気がするんですよ」

成澤俊輔はいま、あっけらかんと笑いながら、そう答える。

そんな彼の両手には、いく筋もの引っかき傷がのこっている。

（ああ、自分は、ほんとにいま、ここにいるのかな）

目の見えない成澤は、自分を確かめるため血がにじむくらいに、手を引っかくのがクセになった。でも、ケ・セラ・セラだ。

♪　ケー、セラ、セラ
　なるようになる――。
昔、そんな外国の歌があった。引っかき傷を勲章にして、成澤俊輔は、今も〝世界一明るい視覚障がい者〟をめざしている。

Ⅵ はるか長い道のり

いつも、ありがとう

毎朝、８時きっかりに、お母さんと駿《しゅん》は、アパートを出発する。私鉄の駅まで電動車椅子《いす》で20～30分の道のりだ。

坂道のむこうにある家のいけがきに、あじさいが、水色のくすだまをならべたようにさいている。

「もう８か月がたったねぇ」

お母さんの声が、うれしそうにはずむ。ペダルにぐっと力をいれて、自転車通学の女子生徒たちがおいこしていく。私鉄から地下鉄に乗りかえて、「青山一丁目」で降りる。駿とお母さんが通う会社は、アイエスエフネットの本社から、歩いて５分ほどの別のビルにある。

会社の名称は「アイエスエフネットベネフィット」——、ちょっと舌をかみそうになる名称だが、ここでは、障がい者が将来的に自立して仕事ができるようになるため、それぞれの人にあわせた支援がおこなわれている。

障がい者の仕事をつくりだすために、力を注いでいる渡邉社長が、新たに立ち上げた一般社団法人だ。

ここでは現在、およそ50人の障がい者が、働くための訓練をしたり、かんたんな作業をおこなっている。少しでも、知識や技術を高めるためだ。この障がい者のなかには、知的障がい、脳性麻痺《のうせいまひ》など身体に障がいのある人、そして心臓に重い病気をかかえる人もいる。

「おはよう、駿くん、きょうも顔色がいいね」

オフィスの入口で、支援スタッフの男性が、さわやかな笑顔でむかえてくれる。

「おはようございまーす」

〝照《て》れ屋〟の駿は、ちょっぴり首をすくめてこたえる。かべの時計は、午前9時30分を、さそうとしている。

朝礼がおわって、駿は、自分のデスクにむかう。そして、パソコンで、一文字、一文字、けんめいな顔つきで文書を入力していく。

駿は、重い障がいをかかえている。まだ赤ちゃんのとき、駿は、脳性麻痺と診断された。その後遺症で、運動機能障がいとなった。

左手はかろうじて動くが、指さきは、そり返っている。右手は麻痺して、ほとんど動かない。両脚も麻痺したままだから、歩くことはできない。

だが、パソコン教室に通ったことのある駿は、パソコンを打つのは得意だ。でも右手は使えない。指さきがそり返った左手の親指のみで、キーボードを、けんめいに押してゆく。少し時間はかかるが、書類を仕上げる腕は、支援スタッフもびっくりするほどだ。

そんな駿は、自分の思ったことを文章にするのが苦手だった。そこで、支援スタッフからテーマを与えてもらい、短い文章を書くことが好きになった。たとえば、こんな具合だ。

好きな花

花には、いろんな品種があり
それぞれきれいな色や形をしていて、とても素敵だ。
私は、パンジーの花が好きです。
紫色のパンジーが好きです。
花びらの中心の黒い模様が、とくに素敵だなぁとおもいます。
皆さんは、どんな花が好きですか?
花は、とても心がいやされますね。

素直でピュアな駿のこころが、やさしくつたわってくる。ポエム(詩)のような短文だ。

そんな伊東駿は、満20歳の若者だ。お母さんの典子さんも、ここで支援員《しえんいん》として働いている。からだが不自由な駿には、介助が必要だ。トイレや昼食のときは、お母さんが駿の世話をする。もちろん支援スタッフも、手つだってくれる。

（駿とふたりで、ここで働けるなんて、ほんと夢みたい。みんなの応援をえて、ここで居場所を見つけられた。ほんと夢みたい）

昼休み、お母さんは、ビルの窓から広がる街を見つめた。その胸に、駿が生まれた遠い日のことが、走馬灯《そうまとう》のように浮かんだ。


いまから20年前、典子さんは、九州の宮崎県に住んでいた。

はじめて出産した子どもは、双子の男の子だった。だが、予定日より3か月も早く生まれたので、それは、小さな赤ちゃんだった。

「ふたりとも、このまま、ぶじに育つかどうか、きわめて、むずかしいといわざるをえません」

お母さんは、医師からそう告げられたほどだった。

双子の兄は〝駿《しゅん》くん〟。弟は〝謙《けん》くん〟と名づけられた。ふたりは、すぐに保育器に入れられた。点滴のチューブをいくつもつながれた。でも、ふたつのいのちは、奇跡的にすくわれた。そして生後3か月で、人並みの2500グラムになり、保育器から解放された。お母さんは、ようやくホッとして、息をつくことがかなった。

双子の兄弟が、まもなく1歳になるころだった。

(あれ、この子……、どうして、からだをつっぱるんだろう)

お母さんは、兄の駿くんの様子がヘンだと感じるようになった。そのお母さんの直感は当たっていた。1歳をすぎても、駿くんは、寝がえりをしない。1歳半になっても、這《は》い這いをする気配もない。抱《だ》っこをすると、駿くんは、からだを硬くつっぱらせるだけだ。ミルクを飲ませても、すぐに吐《は》きだしてしまう。

（やっぱり、おかしい。ふつうだったら、もう、寝返りや、はいはいをしているはずなのに……）

お母さんは、駿くんを抱いて病院をたずねた。

「脳が少し萎縮《いしゅく》していますから（おとろえて、ちぢんでいるから）、これから、徐々にからだが麻痺《まひ》して、運動機能に障がいがでてくるかもしれません」

医師から告げられた病名は、脳性麻痺だった。

脳性麻痺は、生まれて1～2か月までに、赤ちゃんの脳に発達障がいが起こり、運動機能などに障がいがあらわれる病気だ。

泣き声が弱々しい、首のすわりが悪い（安定しない）、ものをうまくのみこめない、おすわりができない、といった症状がみられる。知的障がいをともなうこともあるが、そうでないこともある。駿くんは、どうにか、この知的障ががいをまぬがれた。

そんななか、お母さんは、お父さんとの考えかたのズレで、離婚せざるをえなくなった。でも幸いに、ふたりともそれなりにすくすくと育った。

だが、生きていかなければならない。暮らしを立てるために、お母さんは特技を生かして「ちぎり絵教室」をひらいて、わき目もふらずに働いた。

「たいへんねぇ」と周囲の人はいってくれた。けれど、そんな同情に、耳をかす余裕などなかった。

駿くんは定期的に手術をする必要があり、また、ぜんそくのため、季節の変わり目など、毎月のように入院していたので、お母さんは定職につくことができなかった。入院先で付きそいをしつつ、部屋の片隅で、ちぎり絵の作品を作ったり、次の教室の準備をしたりして、ひたすら働いた。

駿くんと謙くん、双子の兄弟は、そろって小学校に入学した。

お母さんが、こころぼそい気持ちを救われたのは、駿くんが、生まれながらに障がいがありながら、まるでいじけることがないことだった。彼のこころは、いつも明るかった。そんな彼を、クラスの仲間は、あたたかく見まもってくれた。

小学5年生の冬のこと。クラスのみんなで「クリスマス会」をひらいた。その日、駿くんは、朝から大はりきりだった。サングラスをかけ、皮ジャンを着た彼は、みんなの前でとくいの歌をひろうした。

♪
乾杯《かんぱい》！　今　君は人生の
大きな　大きな舞台《ぶたい》に立ち
遙《はる》か長い道のりを　歩き始めた
君に　幸せあれ！

車いすの駿くんは、長渕剛に変身して、おどけた表情を見せながら歌った。

「駿、かっこいいぞぉ！」

「駿くん、アンコール‼」

クラスのみんなが立ち上がって、いっせいに拍手をおくった。もう1曲、歌った駿は、みんなを見わたしてから、言葉をひとつ、ひとつくぎりながらいった。

「みんな……、ぼ、ぼくのために、いつも……、いつも、ありがとう。これからも……、よろしくおねがいします」

頭をたれた駿の目から、ひとすじの涙がツーッとこぼれた。

思いもかけない言葉

夕立ちのあとの空が、青いペンキをぬりこめたように、すみわたっている。梅雨《つゆ》もあけて、夏の夕ぐれは、暮れそうで暮れない。

「おーい、駿、散歩にいくよぉ」

弟の謙がそう呼びかけて、兄の駿を車いすにのせた。ときどき、弟は車いすをおして、兄を外へつれだすようになった。

小学生のころ、ふたりはそろってアドベンチャークラブに入り、山登りやキャンプ、カヌーなど、外遊びをしていた。

やがて双子の兄弟は、中学2年生になった。食事や着替えなど、弟は、兄といっしょにいることで、とても安心できるようだった。

それから1年半がたち、双子の兄弟は、高校に進学する季節をむかえた。

桜の木々が、まるで相談しあったように、いっせいに咲きはじめた。弟の謙は、普通校に入学したが、兄の駿は、養護学校に進むことになった。

「ふたりともがんばってね。母さんも、一生けんめいに、働くからね」

駿には障がいはあるが、ふたりが、それなりに成長してくれたことが、お母さんにはうれしかった。

1学期が終わり2学期が始まったころ、学校から帰った駿は、いつになく元気がなかった。なんだか悔《くや》しそうに、くちびるを固く結び、時にくちびるがふるえていた。

「どうしたの⁉　友だちとけんかしたの」

「…………」

「だまってたら、母さん、なにもわからないじゃない」

「ぼ、ぼく……、学校なんか、もう、行きたくない、行きたくない」

口をとがらせていったあと、駿は、宙を見つめてだまりこんだ。

心配になったお母さんは、つぎの日、養護学校をたずねた。担任の先生に会った。

理由を聞くと、こうだった。駿君は、学校ではしゃぎすぎるのだという。クラスの仲間に「あれをやろう」、「これをやろう」とけしかけて、いたずらのリーダーになっている。

給食は、先生の意向で「刻《きざ》み食」になったため、原型がない上に冷《さ》めていて、食欲がなくなるようで、いつもまずそうな顔をして、雰囲気《ふんいき》を悪くする。昼食のとき、嫌いなものがでると、とことん抵抗して食べない。それで、むりやり食べさせられた駿は、パニックになったのだという。

トイレは担任に言うことになっていたが、がまんできずに、通りかかった先生に声をかけると、ほかの生徒の対応ができなくなり困るとのこと。

でも、お母さんには、それほど駿が、羽目をはずしているようには思えなかった。すると、先生の口から、思いもかけない言葉がついてでた。

「お母さん、やはりですね。障がい者は、障がい者らしくしてもらわないと、私どもとしては、手をやいてしまうのです」

「そ、それは……、どういうことですか」

そのあと、お母さんは、二の句がつげなくなった。頭をハンマーで、ガツンとなぐられたようになった。駿も、先生から、おなじことをいわれたのだ。

（なんていうことだろう。この養護学校で、駿に生きる力をつけてもらおう、そう思ったのに……）

養護学校から帰ったお母さんは、駿に告げた。

「もう、学校には、行かなくていい。行かなくていいからね」


あんなに明るかった駿は、すっかりこころを閉ざすようになった。車いすにも乗らず横になったまま、ほとんどなにもしないで、1日をすごすことが多くなった。

（どうしたらいいんだろう。このままでは、駿は、だれにも心をひらかなくなってしまう）

お母さんは、むしょうに悲しかった。しかし、いたずらに季節はながれた。

駿が18歳になろうとしていたころ、お母さんは思いついた。

（そうだ、駿といっしょに、パソコン教室に通って、勉強することにしよう。そうすれば、もしかしたら、駿が働ける場所が見つかるかもしれない。それに、人とかかわれる場をもたせてやりたい）

お母さんは、駿の車いすをおして、週に5回、半年間、パソコン教室に通った。パソコンは、駿に新しい世界をひらいてくれた。パソコンを打つ腕は、めきめき上達した。そして、半年の受講を修了すると同時に、その教室を運営しているＩＴ企業に、そのまま2人そろって就職することができた。

駿は、得意先からとどくメールをパソコンに入力し、書類づくりをする仕事に、一生けんめいに取りくんだ。

そんななか、２０１１年3月、弟の謙が、東京の私立大学に合格した。そんなとき、駿の働く会社から、東京の本社で2人を雇ってくれると、ありがたい話をいただいた。

（謙には、なんとか大学に行かせてやりたい。それに、駿の将来も考えねばならない）

お母さんは、思いきって東京にでてくることを決意した。実家の両親が、経済的に応援してくれることも、お母さんにはありがたかった。

こうして、駿とお母さんは、東京・池袋にある本社で働く日々がはじまった。謙も、希望に燃えて、大学へ通いはじめた。

ところが、1年半ほどがたったころ、お母さんは、会社の責任者からこういわれた。

「伊東さん、ショッキングなことをいいますが、うちの会社は、10月いっぱいで業務を終了することになりました。まことに申しわけありませんが、これから先を考えてください。

それで……、もし気持ちがむけば、こういう会社があります。説明会を一度、聞きにいってみたらどうでしょうか」

その会社が、アイエスエフネットだった。

（なんとか……、希望の灯をともさなくてはいけない）

２０１２年９月、お母さんは、アイエスエフネットの本社でひらかれた「会社説明会」に駿といっしょにやってきた。

その催しがおわって、お母さんは、渡邉社長のところに歩みよった。

「あのう、うちの息子は、ご覧のとおり、障がいがあります。車いすのからだでも、働けるでしょうか」

「これまでに、働いたことがあるんですか」

「はい、パソコンで、書類を仕上げる仕事をしておりました」

「そうですかぁ。それなら、もうすぐ立ち上げる会社があるから、そちらに通ってみてください」

「えっ、ほ、ほんとうですか……!?」

お母さんは、すぐには信じられなかった。

「だいじょうぶですよ、お母さん」

笑顔でこたえてくれる渡邉社長が、お母さんには、神様のように見えた。


きょうも、駿は、会社にくると、もくもくとパソコンのキーを打つ。左手の指に力をこめながら、一生けんめいに打つ。

そんな駿は、こんな短い文章を書いた。

母

私の母は、とてもやさしいです。

料理もおいしい。

私の話にも、耳をかたむけてくれる、とてもやさしい母です。

遊びにも、連れてってくれます。

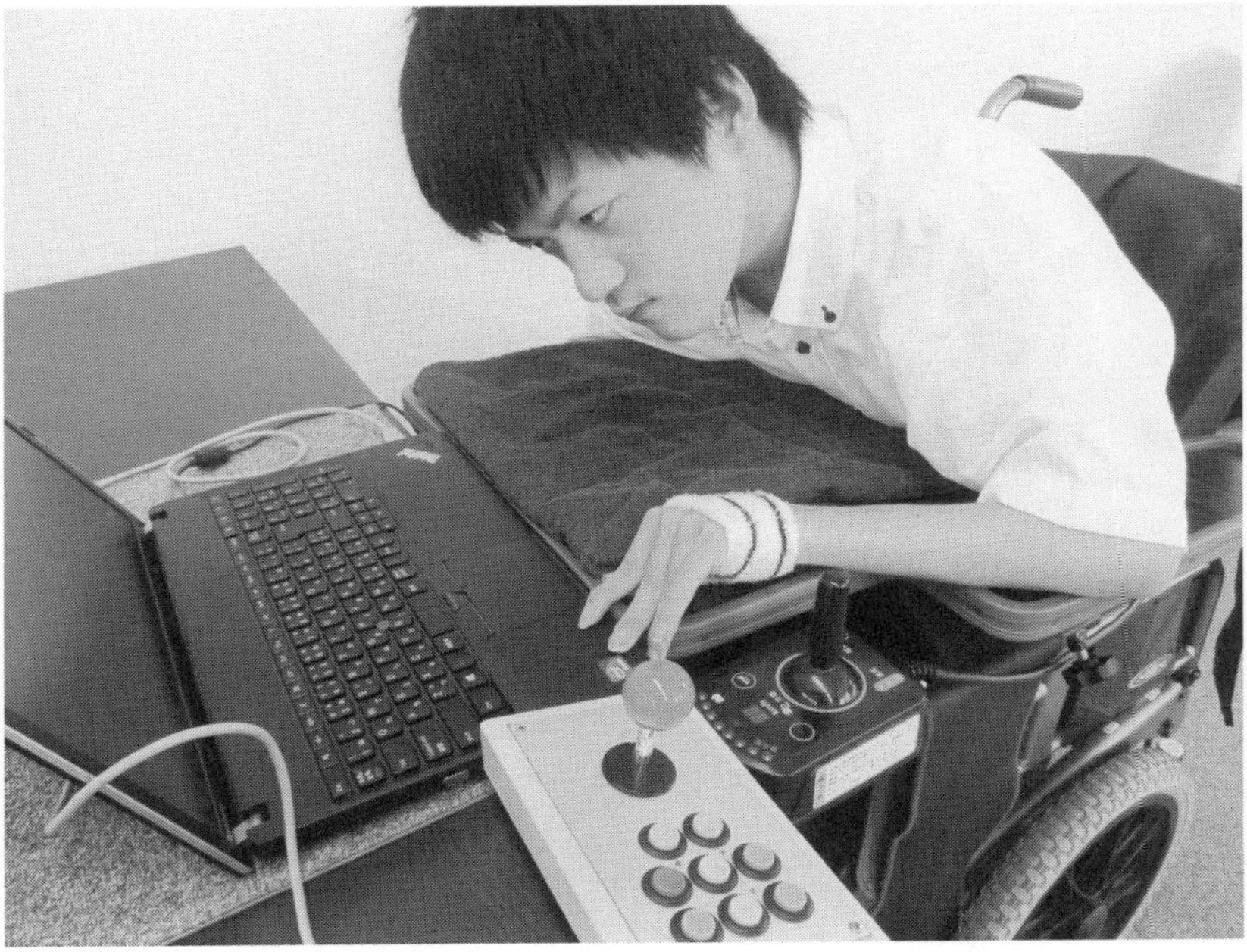

不自由な左手で文章を入力する駿さん

こんなにやさしい母でいいのだろうかと、思うときがあります。
これからも、母と楽しくやれるかなぁ？
これからも、母と楽しくやれるように、がんばっていきます。

弟

私は双子で、私が兄です。その弟は、とても〝オモシロイ〟。
私が牛肉を食べたいといったら、マグロの寿司を買ってきてくれました。
これは、オモシロイ。
私が熱をだして寝こんでいたとき、栄養ドリンクをくれました。
まさか、くれるとは思いませんでした。
弟は毎日が楽しそうで、ぼくは、とてもうれしいです。

会社から帰ると、お母さんは、いそいで夕食の準備にとりかかる。今夜のメニューは、駿の大好きなビーフカレーとポテトサラダ。家計のつごうで、牛肉は上等ではない、安ものだけど……。タマネギをみじんぎりにしながら、お母さんは、ふと手を止めた。

(私も駿も、いまは、いい場所を与えられて、いっしょに働ける。もったいないような気にさえなる。でも、もしも、私がいなくなったら、駿は、どうなるんだろう……)

お母さんは、ふーっとため息をついた。

(だけど、そんなことを、くよくよ思っても仕方がない。いまは、駿が自分で生きていける力をつけるしかないんだわ。明日は、明日の日が照るんだ……、そう信じて、歩いていこう)

お母さんの目に、涙がこみあげた。それはタマネギのせいなのか、駿のことを思っての涙なのか、わからなくなった。涙をふいたお母さんは、タマネギを炒《いた》めはじめた。
香ばしいにおいが、台所いっぱいにただよった。

Ⅶ 雇用はすべてを救う

1000回、くり返す

「一人一秒のプレゼント」のこころをたいせつにし、障がいのある人たちが、少しでも希望をもって働ける社会をめざそう。

渡邉社長が播《ま》いたひとつぶの種は、芽をだし、若葉をしげらせ、たくさんの実をつけるようになった。

そんな渡邉社長が、いつもこころにかけてきたのは、障がい者雇用には、家族の理解が欠かせないということだった。

そのため、ハーモニーでは、「ご家族と語る会」を大切にしている。これは、会社をよく知ってもらおうと、FDメンバー（障がい者）の家族を招いて、たがいに理解を深めあおうという会だ。

この席で多くのお母さんが、こんな思いを打ち明ける。

「自分にしか、この子を守ることができない。だから、なんとしても守らなければならない」

「この子が、ちゃんと生きていけるようにしたい」

「この子より、1日でも長く生きたい」

そんなお母さんたちの切実な思いにふれるたび、渡邉社長や、ハーモニーの責任者である白砂祐幸は、胸がいっぱいになる。

だが、これとは反対に、お母さんたちの愛情が、ちがうほうにむいていると感じることもある。

ある日の父母会のことだ。会がおわって、ひとりのお母さんが、渡邉社長のところにやってきた。そして、少したためらってから、いいにくそうに口をひらいた。

「いおうかどうしようか迷ったのですが、あえていわせてもらいます。社長さんのところの実習やトレーニングは、きびしすぎると評判になっています。だから、うちの子には、実習に出るのをやめさせました。私のまわりのお母さんたちも、そう思っているかたが多いようですよ」

思いもかけぬ意見に、渡邉社長は、とまどいの色をかくせなかった。

「いやぁ、それは申しわけないことをしました。きびしいと思われるような、なにかがあったんですね」

そういって、渡邉社長はわびたが、どうにも気持ちがすっきりしない。〝なにか、ちがうぞ⁉〟、そんなわだかまりが、胸のなかにのこった。

たしかにハーモニーでは、毎日、あいさつの練習をしたり、身だしなみについてやかましくいったり、まちがった行動をとれば注意をする。だが、それは、FDメンバーたちに「自立した人間になってほしい」、世話をするスタッフたちが、こころから願うからだ。

（そうなんだ、ここのところを、ないがしろにしちゃいけない。やっぱり、障がい者にとって、真の自立とはなんなのか、そこを少しわかってほしい）

つぎの父母会のとき、渡邉社長は、お母さんたちにかたりかけた。

「ハーモニーでの実習が、きびしすぎるというご意見があったので、私の考えを聞いてほしいと思います。どんなお母さんも、子どもを守りたい……、この気持ちは当然のことです。とりわけ障がいのあるお子さんであれば、その思いは、さらに強くなるでしょう。

しかし、障がいがあるということを、必要以上に特別な目で見てはいけないと思うのです」

会場を見まわしてから、渡邉社長は、少し間をおいた。そして、ところどころ語気をつよめながらつづけた。

「社会にでれば、つらいこともきびしいこともある。それを乗りこえながら、成長していくのは、健常者でも、障がい者でも変わりありません。ですから、お母さんが、障がいを大きなハンディキャップと考え、障がい者だからとあきらめてしまうと、お子さんの真の自立にはつながらない、そう私は思います。

自立するとは、他人と競争して勝ったり、他人よりえらくなったりすることではありません。その人が、自分の意志と力で生きることです。自らが望む人生をつくるために、自分で決めた目標にむかって、自分でえらんだ道を歩んでいくことです」

ざわざわとしていた会場が、しーんとなって、50人ほどの親御さんたちが、渡邉社長を見つめている。

「私たちは、どんな人もひとりでは生きられません。まわりの人の力を借りたり、あるいは、だれかの力になったり、助け合うことが必要になります。

そのためには、社会の一員としてルールを守り、役割を果たすことがもとめられます。ですからハーモニーでの実習は、きびしいとうつるかもしれませんが、いま、私が話したことを胸にとめていただいて、ご理解いただけたらと、そう思います。

いやぁ、ちょっと会場がしずかになりすぎちゃった。もっとおもしろいことを話したかったのですが、つぎの機会にゆずりたいと思います」

会場から拍手がわいた。渡邉社長には、お母さんたちの顔が、こころなしかやわらいだように感じた。

アイエスエフネットグループをまとめる渡邉社長は、社員一人ひとりの声に耳をかたむける。これが、社長という役割のだいじな仕事だと考えてきた。

「社長、ちょっと聞いてください。××は、あんな簡単なことを、なん回、いってもできないんですよ」

ある管理職が、部下のぐちをいってきた。

「きみは、どれくらいいいったんだ」

「えーと、3回ぐらいです」

「なにをたわけたことといっているんだ。３回いってできなければ、10回、いえばいいじゃないか。それでもダメだったら、１００回、いえばいいことだ。私は、きみにこのことを、どれだけいいつづけたと思ってるんだ」

アイエスエフネットグループでは、重度の障がい者も多く採用している。

（どんなに重い障がいの人でも、働きたいという本人の気持ちがあれば、必ずいまよりできるようになる。だから教えるほうもあきらめず、なん回だって教えつづける気持ちがなければ、人を育てることなんてできない）

〝できなければ、１０００回、くり返す〟――、いつしか、このことが、渡邉社長のゆるぎない信条（かたく信じて守ること）となった。

そんな渡邉社長の姿勢が、日がたつにつれ、年を重ねるごとに、社員や、障がいのある子をもつ父母たちの胸にとどくようになった。

「あの子が、きちんとあいさつをしている」

「あんな笑顔の息子をはじめて見た」

「まわりの人と、楽しそうに話している」

ハーモニーに見学にきて、実際に働いているわが子の生き生きした姿を見て、お母さんの気持ちが変わる。渡邉社長は、それがなによりうれしかった。

渡邉社長は、その著書のなかで、こうのべている。

《障がい者は、技術とスピードでは健常者に勝てません。しかし、一生懸命やるという行為と、それを支えている裏表のない心で、周囲を感動させることができます。これは、圧倒的なヒューマンスキルです。

その感動があれば、お客様は期待以上のものを受けとることになります。そうなれば、感動は必ず価値に変わると、私は信じています。ヒューマンスキルの発揮に、健常者も障がい者もないのです》（『社員がみんなやさしくなった』より）

「愛」の反対は…!?

２００６年、アイエスエフネットグループは「五大採用」を宣言した。前にもふれたが、これは、ニート・フリーター、障がい者、ワーキングプア、シニア、引きこもり、この５つの就労弱者を採用しようというものだった。

これは、４年後の２０１０年に達成された。そして翌年の３月から「十大雇用」を、新たなスローガンとしてかかげた。ところが、もっと採用のわくをひろげてほしいという声がたかまり、その年の11月には、新たに「二十大雇用」の宣言をおこなった。

この「二十大雇用」とは、前にふれた「五大採用」にくわえて、ＤＶ被害者、ホームレス、小児がん経験者、麻薬・アルコールなどの中毒経験者、性同一性障がい、犯罪歴のある人、若年性認知症など、これまで働くことが困難だった人たちを、幅ひろく雇用しようというものだ。

さらに渡邉社長は、こんな宣言をおこなった。これは、２０１０年5月のことだ。

《アイエスエフネットグループ雇用創造宣言》

●２０１６年までに、１０００名のＦＤメンバー（障がいのある人）の雇用をつくります。

●だれもが、65歳まで継続して働ける環境をつくります。

●個々の強みをいかす職業訓練を通じ、その強みで社会に寄与することを継続します。

●ＦＤメンバーに、月額平均25万円（１６０時間／月　換算で）を支払います。

〝ＦＤメンバーに、月額25万円の給与〟

そんなことが、ほんとに実現できるの⁉　だれだって、そう思ってしまう。

でも、これには、こんないきさつがあったのだ。これまで渡邉社長は、たくさんのお母さんと面談をかさねてきた。

「この子より、１日でも長く生きたい。わが子をおいて先立つのは、とても不安でなりません」

障がいのある子を持つお母さんたちは、みんな不安をうったえる。

「その不安は、どうすればなくなりますか」

「子どもがひとりできちんと働けて、給料を月々、25万円ぐらいいただければ……」

こう聞いたときから、「よーし、ＦＤメンバーの給与を、25万円にしよう」渡邉社長は外部に宣言することにしたのだ。

というのも、渡邉社長は、「こうする」と決めたことは、必ず口にだして宣言する。そうすることで、自分のこころに〝やる気〟をおこすのだ。

もちろん、理想を公言するには、大きな覚悟がいる。なぜなら、口にだした時点で「そんなこと、できるはずがないじゃないか」という批判がくる。

だが、こうした批判があればあるほど、「よーし、絶対に実現してみせるぞ！」と渡邉社長は、ファイトでこころもからだも、わんわんと燃えるのだ。

いま、渡邉社長は、ハーモニーのような事業所を全国につくり、そこで就労の機会にめぐまれない障がい者を、雇用していきたいと考えている。全国に1000か所の事業所をつくれば、1000人、いや2000人のFDメンバーの雇用も、決して夢ではないと考えているのだ。

さらに、渡邉社長の夢はひろがる。福島と安城市で実現した「匠《たくみ》カフェ」を全国各地につくりたい。そう思っている。

その第一歩として、アイエスエフネットの本社がある、東京の青山に、2012年11月、第3号店、「匠《たくみ》カフェ　aotto《アオット》」が誕生した。ここでは、健康的な素材を使ったお弁当も販売している。

今から10数年前に、渡邉社長は、障がい者の雇用に力をそそぎはじめた。そのころは、ＩＴ企業が〝障がい者雇用に力をいれる〟こと自体がめずらしいことだった。それがいまでは、ニートや引きこもり、うつ病をはじめとする「二十大雇用」にまで発展した。

その渡邉社長の背中を、ずっと押しつづけてきたのは、「雇用は、すべてを救う」という強い信念だった。

しかし、私たちは、障がいのある人たちに、無関心をよそおってしまう。自分はいま、健康だから関係ないと思ってしまう。障がい者雇用がすすまないのも、働けない人を大量に生みだしているのも、この「無関心」から生じるといっていいであろう。

《「愛」の反対は「憎しみ」ではなく、「無関心」です》

渡邉社長は、マザー・テレサのこの言葉をときどき胸にいい聞かせる。

インドで、貧《まず》しい人たちのためにつくし、生涯をささげたマザー・テレサは〝インドの母〟といわれた。

ノーベル平和賞を受賞してから、2年めの1982年の春、マザー・テレサは、はじめて日本をおとずれた。このとき、行く先々で、マザー・テレサは、こんな言葉をくりかえした。

「私は、この豊かな日本で、大きなこころの貧しさを見ました。日本は美しい国なのに、なぜだれも、道にたおれている人に手を貸そうとしないのですか。人間にとって、ほんとうの貧しさとは、社会から見すてられ、自分は、だれからも必要とされていないと思うことです」

〝自分は、だれからも必要とされていない〟――、こんなふうに社会から見捨てられる人たちを、ひとりでも無くしたい。渡邉社長はいつも、自分のこころにそう問いかけている。

《Ponte《ポンテ》 Cafe《カフェ》 匠》の店内に、コーヒーのいい香りがただよって、ランチタイムは、猫の手も借りたいほど忙しい。

「いらっしゃいませ。こちらのお席にどうぞ」

由利香の声がはずんで、お客さんを迎える。

「うわっ、ど、どうしよう、どうしよう」

以前は、お客さんがどっと入ってくると、パニックにおちいった彼女も、おだやかな笑みをうかべて、接客ができるようになった。

（その調子、その調子！）

川口店長の胸のなかに、さわやかなそよ風が吹くようになった。7人のスタッフは、それぞれに障がいをかかえているが、自分の持ち場をあたえられて、その瞳は、きょうも、生き生きとかがやいている。

安城養護学校では、このお店で、職場訓練をおこなうようになった。

「ポンテって、イタリア語で〝架け橋〟っていう意味なんだって」

生徒たちのあいだにも、そんな声がひろがるようになって、小さなカフェは、地域に少しずつとけこむようになった。

「のこされた命は、あと3か月かもしれません」

主治医からそうつげられた白砂祐幸《まさゆき》は、いま、ハーモニーの責任者として、FDメンバーたちのために、生かされたいのちを役立てたいと、熱い汗をかく毎日だ。

(FDメンバーたちによって、自分は生かされたのだ。神様が〝おまえは、この人たちのために一生けんめいに働いて、みんなに希望をあたえられる人間になれ〟と、エールをおくってくださっているんだ)

毎朝、会社にやってくるたび、白砂は、このことに思いをはせる。

「ぼくの目は、ぼくが思っているよりもずっと、ぼくの人生を大きく左右するものだった。でも、いまは、まるでちがう」

こころの底から、そういえる成澤俊輔は、きょうも、障がい者雇用の第一線で、ＦＤＡのメンバーたちと向きあっている。屈たくのない笑顔と大きな声は、彼とかかわる人たちに、知らず知らずのうちに、目には見えない力をあたえている。

そんな成澤は、人生という舞台で、新しいステップを踏んだ。嫁さんをもらったのだ。その奥さんは、彼より7つ年上の35歳。病院で看護師をしている。

（仕事にもやりがいがもてて、それに嫁さんまでもらって……、ちょっと順調すぎるんじゃないのかなぁ）

彼は、ふと、そう思ってしまうこともある。でも、いま、あたえられた幸せに感謝しようと、彼はこころをひきしめる。

「おい、成澤くん、新婚気分って、いいもんだろう。でもな、あんまり、でれっとした顔になるなよ」

　エレベーターを降りたところで、渡邉社長から声をかけられた。

「はい、ぼくは、〝世界一明るい視覚障がい者〟ですから、しばらくのあいだ、大目にみてください」

「世界一、明るいかあ、ハハハ」

　エレベーターホールに、渡邉社長の笑い声がひびいて、成澤は、しきりに頭をかいた。


（おわり）

●あとがき

いま、働いているのに貧しい。そういう若者が増えているという。

１９９０年代以降、正社員への門は狭まるばかり。最近は大卒男子でも、４人に１人は、初めて就く仕事が非正規だ。そうなると、職業人として鍛えられる機会が少なくなる。「とにかく正社員に」という焦りにつけいるブラック企業もある。「正社員」をエサに大量採用し、長時間の労働をさせ「使えない」と見切れば、パワハラで離職に追い込んでいく。

つまりは、会社の利益のために、若者をコストとして扱う。そこには、人を長期的に育てていこうという意識はない。おかしいよね、こんな人材の使いつぶしが横行する社会は……。

ところが、こんな効率を重視した雇用にソッポを向き、社会の不理解で働く場がない人たちに、希望の灯を点しているのが、アイエスエフネットグループである。本書では渡邉幸義代表をはじめ、匠カフェで働く人たち、〝世界一明るい視覚障がい者〟の成澤俊輔さんらを取り上げたが、他にも魅力にあふれる人たちがたくさんいることを申し添えたい。

既存の経営感覚からすれば、破天荒ともいえる姿勢を貫く渡邉代表にエールをおくりながら、こうした組織が、一つでも増えることを願わずにはいられない。そして、本書を読んでくださった皆さんの胸のなかを、爽やかな風が吹き抜ければ、幸いである。

綾野まさる

平成25年9月

綾野まさる

1944年、富山県生まれ。67年、日本コロムビア入社。5年間のサラリーマン生活後、フリーのライターに。特にいのちの尊厳に焦点をあてたノンフィクション分野で執筆。また、皇室ジャーナリストとして雑誌等で執筆。94年、第2回盲導犬サーブ記念文学賞受賞。

主な作品に「帰ってきたジロー」「ほんとうのハチ公物語」「ほんとうの南極犬物語」「いのちのあさがお」「いのちの作文」「INORI－いのり－」「一杯のコーヒー」（以上ハート出版）、「君をわすれない」「ぎん言」（小学館）ほか多数。日本児童文学者協会会員

日本音楽著作権協会（出）許諾第1310907－301号

就労困難者が輝いている
日本でいちばん育てたい会社

平成25年9月14日　第1刷発行

ISBN978-4-89295-928-8　C0036

著　者　綾野まさる
発行者　日高裕明
発行所　ハート出版
〒171-0014 東京都豊島区池袋3－9－23
TEL. 03－3590－6077　FAX. 03－3590－6078

編集／佐々木照美
印刷・製本／中央精版印刷
乱丁、落丁はお取り替えします。その他お気づきの点がございましたら、お知らせ下さい。

INORI ～いのり～

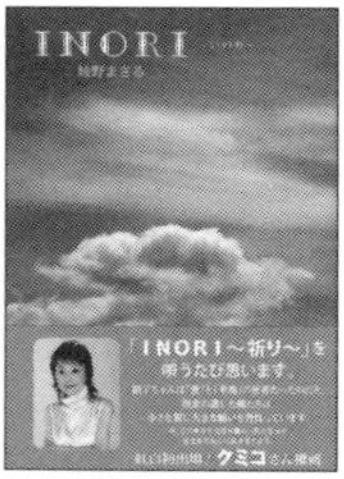

広島平和記念公園「原爆の子の像」のモデル・佐々木禎子さんの物語。原爆による白血病と闘い「千羽おれば病気が治る、また家族と暮らせる」と信じ、薬の小さな包み紙で一羽一羽ていねいに折り続けた。折鶴は世界に羽ばたき訴え続けている。

綾野まさる・作

四六上製／本体1200円

も・い・ち・ど・あ・い・た・い！
ほんとうのハチ公物語

亡くなったご主人を迎えに十年間も渋谷の駅に通った名犬。東大農学部に保存されているハチ公の内臓が初公開されて分かった意外な事実とは…。渋谷の銅像、国立博物館のはく製、ハチは今も生きている。

綾野まさる・作／木内達朗・画

四六並製／本体888円

コウスケくんのおくりもの
いのちのあさがお

●東映教育映画化

白血病で7歳で天国へ旅立ったコウスケ君。学校に通ったわずかな時間に育てた朝顔は、やがて花を咲かせた。その種は「いのちのあさがお」と呼ばれ全国、世界へと広がっていく。

綾野まさる・作／松本恭子・画

A5上製／本体1200円